Bianca Nechleba

Alraune

Psychiatrie Psychologie Psychosomatik Psychotherapie

April 2014
© by Alraune Verlag
Satz, Gestaltung und Layout Bianca Nechleba
Lektorat Renate Henlein
Herstellung und Verlag BoD – Books on Demand Norderstedt
ISBN 978-3-7357-1765-8

Inhaltsverzeichnis

Einleitung

In meine Praxis kommen oft Patienten mit klinischen Erkrankungen. Meist stellt sich im Laufe des Gespräches heraus, dass die somatischen Beschwerden psychischer, emotionaler Natur sind. Den wenigsten Klienten ist dies jedoch bewusst. Während meiner langjährigen Tätigkeiten in verschiedenen Kliniken konnte ich meine Empfindungen, meinen Spürsinn schulen und verfeinern. Dabei fiel mir immer wieder auf, dass viele Ärzte und Krankenschwestern/-pfleger vom Patienten nur die Krankengeschichte kennen. Ich machte die Beobachtung, dass meine erste Wahrnehmung bei der Begrüssung und Einweisung der Erkrankten mit deren Wesen oft übereinstimmte. Deshalb habe ich mir die Aufnahme dieses ersten Eindruckes angewöhnt und mir zu eigen gemacht. Das hilft mir auch in meiner Praxistätigkeit. Diese Arbeit beginne ich deshalb mit meinem „Klientencheck".

Einer meiner Schwerpunkte ist die Behandlung depressiver Erkrankungen. In der heutigen Zeit nehmen die psychischen Störungen vermehrt zu. Der Druck auf die Arbeitnehmer/Innen nimmt zu. Die Angst den Arbeitsplatz zu verlieren, die Miete nicht mehr zahlen zu können usw. macht sich im Körper und der Seele breit. Der Mensch reagiert in

1

der Regel erst, wenn der Körper Beschwerden bereitet. Dass die Seele schon lange zuvor leidet wird nicht wahrgenommen. Die verschiedenen Formen depressiver Störungen erkläre ich im zweiten Abschnitt dieser Arbeit. Ebenso schneide ich auch Behandlungsmöglichkeiten an.

Zu diesen Behandlungsmöglichkeiten gehört die Psychologie. Oder ist es die Psychiatrie? Im dritten Kapitel zeige ich die verschiedenen psychologischen Richtungen auf. Sigmund Freud als Vorreiter der heutigen Psychologie und Psychiatrie wird ebenso vorgestellt wie die heutige Prozessorientierte Psychotherapie (POP). Ich selbst behandle psychosomatische Störungen in einer Kombination aus POP und Naturheilkunde – Phyto-Psychosomatik. Letztere Behandlungsmöglichkeiten schneide ich in diesem Kapitel nur an.

Ich habe mit dieser Arbeit die verschiedenen Therapieansätze zusammengefasst. Natürlich ist mir bewusst, dass ich hier nur eine Auswahl getroffen habe. Es würde den Rahmen sprengen alle Behandlungsarten aufzuführen.

Beobachtung

Das Aussehen einer Person ist enorm wichtig und hinterlässt bleibende Eindrücke. Es gibt doch nichts Schöneres als in einem Promenadencafé zu sitzen und sich die Leute anzusehen. Ich stelle dabei immer wieder fest, wie sehr die Menschen darauf aus sind, zu sehen und gesehen zu werden. Die Industrie unterstützt dieses uralte Ritual kräftig mit, indem immer mehr Kosmetik und raffiniertere Modelinie für auffälligere Hingucker sorgen. Täglich werben die Medien für die schlanke Figur, die seidigen wehenden Haare, das schöne Gesicht. Ringsum ist der perfekte Mensch gefragt. Der Stil ist vorgegeben für den uniformierten Mensch. Alle sollen gleich aussehen. Die Mode wird für die Mannequins zugeschnitten und die Kosmetik sorgt für die Haut eines Babys. Vergessen wird dabei vollkommen, dass der Mensch ein Individuum ist. Da der Mensch selbst dies oft nicht erkennt oder erkennen will, kauft er bedenkenlos und gutgläubig die Produkte und die Industrie ist zufrieden.

Der Mensch ist aber keine Massenproduktion vom Fließband. – Noch nicht! Wir sind keine geklonten Wesen! – Das ganz spezielle Aussehen eines Jeden bringt doch erst die Individualität zum Ausdruck, macht die Welt bunt und die Menschen interessant. Es wird oft der Einwand gebracht, dass

3

man sich nicht als Außenseiter zeigen soll, verschließen kann und ein gepflegtes Äußeres in jedem Fall positiv wirkt. Aber muss denn gleich jede/r wie eine Modepuppe herumlaufen, ohne auf die eigene Figur (Persönlichkeit) zu achten?

Ich bin davon überzeugt, dass Sie bereits gemerkt haben, dass jede/r seine individuelle Note hat und es nicht notwendig ist, sich einer Modediktatur zu unterwerfen.

Für uns Therapeuten ist es trotz allem sehr spannend, die einzelnen Menschentypen kennenzulernen und einzuschätzen. Hierbei gibt uns die Homöopathie mit ihrer groben Typisierung eine gute Stütze zur Schulung unserer Menschenkenntnisse:

Argentum-nitricum-Typ	Lachesis-Typ	Phosphorus-Typ
Arsenicum-album-Typ	Lycopodium-Typ	Pulsatilla-Typ
Calcium-carbonicum-Typ	Mercurius-solubilis-Typ	Sepia-Typ
Graphites-Typ	Natrium-chloratum-Typ	Silicea-Typ
Ignatia-Typ	Nux-vomica-Typ	Sulfur-Typ

Überall, wo viele Menschen zusammenkommen, lernt man durch *Beobachtung* die Verschiedenheit der Schöpfung zu sehen und einzuschätzen. Oft stellt sich die Frage, warum die Person es wirklich so nötig hat, sich so zu „verkleiden"? Das Dahintersehen ist dann das Ziel der psychologischen Arbeit.

Wenn der Ratsuchende in unsere Sprechstunde kommt, ist es unsere Aufgabe, ja unsere Pflicht, ihn vorurteilsfrei zu empfangen. Trotzdem ist es wichtig, sich jetzt schon einen ersten Eindruck zu verschaffen; sozusagen die erste „Checkliste" anzufertigen. Das Auge erfasst wie nebenbei die auffälligsten Merkmale. Dabei ist es gut, wenn man sich nicht allzu sehr von der Kleidung, der Kosmetik, den Haaren oder dem Schmuck ablenken lässt. Vielmehr ist es wichtig, ob die Person gepflegt ist und welchen Rang das optische Aussehen einnimmt. Vielleicht ist das sichtbare Aussehen wichtiger als das „Unsichtbare"? In meinen Augen ist die Ausstrahlung (Aura), das Spiegelbild eines jeden, was den Menschen einzigartig macht. Ich möchte aber auf ein paar kleine Merkmale hinweisen.

Jedes Gesicht zeigt seine Spuren. Selbst dem größten Schauspieler hat das Leben in seinem Gesicht Zeichen hinterlassen. „Die Augen sprechen Bände". Diese alte Volksweisheit hat schon seine Richtigkeit. „Schau mir in die Augen Kleines" ist ein bekannter Filmspruch. Beides sagt ein und dasselbe aus. In den Augen liest man die Seele des Menschen, spürt seinen momentanen Zustand. Auch wenn er lacht, können seine Augen nicht lügen. Sie drücken selbst dann seine wahre innere Stimmung aus. Die Verlogenheit und Hinterlistigkeit schauen einen genauso an, wie die Offenheit und Ehrlichkeit. Allein schon, ob der Mensch überhaupt in der Lage ist, seinem Gegenüber ins Gesicht zu schauen, hat seine Bedeutung (ausgenommen fremde Kulturen). Das unruhige Wandern der Augen lässt genauso

Rückschlüsse auf die Person zu, wie der durchdringende Blick im Sinne des Wortes: dringen die Augen durch uns hindurch, wollen sie uns durchbohren? Sicherlich haben Sie sich auch schon gefragt, was hat *der* Mensch bloß für warme oder kalte Augen? Für mich stellt sich hier die Frage: Was steckt dahinter? Die Farbe, ich meine hier nicht die Irisfärbung (Irisdiagnostik), des Augapfels und der Lidränder, die Trockenheit und Feuchtigkeit geben z. B. sichtbaren Aufschluss auf den Gesundheitszustand des Ratsuchenden.

Aber nicht nur die Augen sagen über das Leben und den Gesundheitszustand des Patienten aus. Die Hautfarbe und – beschaffenheit widerspiegeln die persönliche Pflege. Sie zeigen einem die Wichtigkeit des persönlichen Ichs. Die meisten bzw. die häufigsten Reaktionen von Unwohlsein aller Art schlagen sich in und auf der Haut nieder. Ob rot oder weiß, ob braun oder blass, glatte oder faltige, reine oder unreine Haut, hier zeigt sich der Lebensstil, die Ernährung, die Psyche sehr deutlich. Auch durch noch so große Pflege lässt sich die Haut oft nicht täuschen. Sie ist unser grösstes Schutzschild, verzeiht keine Nachlässigkeit. Im Übrigen ist auch eine übertriebene Pflege der Haut erkennbar. Doch dazu bedarf es schon eines sehr geschulten Auges und viel Erfahrung, um dies beurteilen zu können.

Neben den Augen und der Haut spielt die *Mimik* eine wesentliche Rolle. Ich betone nochmals, mir geht es nicht um die Kleidung und Kosmetik, darüber lässt es sich bekanntlich wunderbar streiten. Ich beziehe mich auf das indirekte Aussehen, welches durch das genaue Beobachten sichtbar wird. Dieses ist viel aussagekräftiger als die optische Erscheinung des Ratsuchenden. So ist die Mimik ein sichtbarer Teil dieses indirekten Aussehens. Manche Menschen benutzen sie reichhaltig. Andere wieder „verziehen keine Miene". Interessant ist dabei, dass man jenen mit der intensivsten Mimik mehr geneigt ist zuzuhören. Selbst das interessanteste Gespräch wird „langweilig", wenn es nicht durch einen wechselnden Gesichtsausdruck unterstrichen wird. Doch auch hier achte man auf die Intensität, die Häufigkeit, die eventuelle Theatralik. Dies ist ein Teil der Persönlichkeit und kann den momentanen Zustand des Ratsuchenden unterstreichen. Vorsicht ist allerdings bei öffentlichen Persönlichkeiten geboten, welche eine geschulte Managerausbildung erfahren haben. Ihnen wurden *Mimik* und *Gestik* zur Unterstreichung ihrer Reden und eigenen Darstellung beigebracht. Anders bei den meisten Südländern, denen die „Gebärdensprache" mit in die Wiege gelegt worden ist.

Die inneren Befindlichkeiten drücken sich auch im äußeren Erscheinungsbild aus und schlagen sich insbesondere in der Haltung nieder. Auch hier weisen uns viele Redewendungen auf die Problematik unseres Lebens hin: „Ein gebrochener Mann"; „er/sie ist ganz eingesunken, zusammengefallen"; „hat den Kopf zwischen die Schultern gezogen"; „er geht, als hätte er einen Stock verschluckt"; „stolziert wie ein Pfau"; „läuft wie ein geprügelter Hund" usw. All dies weist uns daraufhin, dass die äußere Haltung schon immer ein Ausdruck der inneren war. Sie verdient schon immer große Aufmerksamkeit. Auch hier heißt es genau beobachten und sich nicht täuschen zu lassen.

Ich könnte Ihnen noch viel mehr über das äussere Bild von Menschen berichten, doch wollte ich mit dieser kleinen Ausführung nur einen Denkanstoß geben, falls Sie das nächste Mal im Straßencafé sitzen und Ihre Mitmenschen beobachten. Ich führe Sie nun mit dem nächsten Kapitel direkt zu Ratsuchenden und reiche ihnen die Hand.

Die Hände

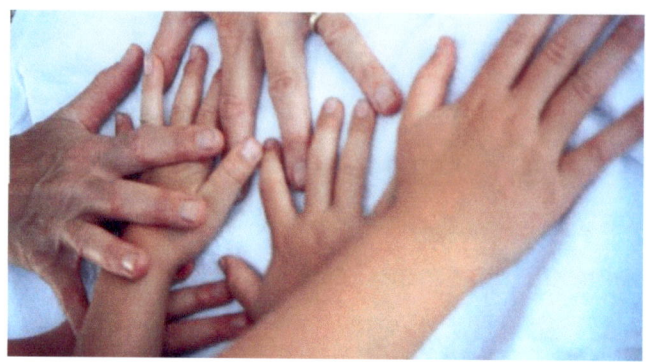

Die Beobachtung fängt in der Regel in dem Moment an, in dem der Klient zur Türe hereinkommt. *Wie* kommt er zur Türe herein. Abgehetzt, schnaufend, unsicher, leise, polternd usw. Auch die Gestik, welche er dabei macht, sollte man mit ins Auge fassen. Ganz entscheidend für den ersten Eindruck ist der **Händedruck**. Dies ist zwar eine spezielle Wissenschaft für sich, doch ein paar Faustregeln sollte der Therapeut schon beachten.

Unterschieden werden grob 4 Arten von Händedruck:

- spitzer Händedruck
- die Hände umschlingen einander
- die Herrschaftsgestik
- der Show-Händedruck

Der Händedruck vermittelt den ersten wichtigen Eindruck. Eine alte Weisheit aus dem Mittelalter sagt: „Gib mir deine Hand – und ich weiß, wie du zu mir stehst." Der Händedruck kann bewusst oder flüchtig, ganz nebenbei gegeben werden. Manche täuschen eine Herzlichkeit vor. Andere werben um Vertrauen. Es gibt Händedrucke welche regelrecht Verachtung zeigen, wenn z.B. die Augen die Weite und nicht den Menschen suchen. Dies zu erkennen ist manchmal sehr schwer. Es kann auch Unsicherheit bedeuten, Hemmschwelen, die ergründet werden sollten. Am besten ist es, auch kleinste Regungen zu achten, zu erkennen. Denn jeder Händedruck gibt auch Rückschlüsse auf den Ratsuchenden.

Die Hand selbst ist uns Menschen natürlich gegeben, aber jeder benutzt sie anders:

- zaghaft   eher zögernd und fast ängstlich, nicht wollend
- vorsichtig   eher abwartend und tastend, fast skeptisch
- absichtslos   eher entwürdigend, so im Vorübergehen, weil es sein muss
- sehr bewusst   eher zupackend, alle Konzentration auf sich beziehend
- warm   eher herzlich, fest und geschmeidig, zugleich nicht loslassend
- fest   eher Vertrauen erheischend immer bittend: Übersieh mich nicht

Natürlich gibt es neben diesen Hauptcharakteristiken viele Nuancen. Hier macht es die Übung. Ohne aus dem komplexen Erscheinungsbild auf die Hände zu schauen, bilde man sich eine persönliche Meinung. Dies ist nicht so wichtig, um den Charakter des anderen Menschen zu erkennen, sondern um seine momentanen Motive und Stimmungen zu erkunden. Dazu gehört natürlich auch zu registrieren, ob jemand überhaupt die Hand geben will oder ob er grundsätzlich versucht, dieser Zeremonie aus dem Weg zu gehen. Letzteres kann ein Charakterzug allgemeiner

Art sein. Diese Menschen wollen alles vereinfachen, niemanden vor den Kopf stoßen, alles schnell hinter sich bringen. Wenn einem nicht die Hand gereicht oder die gereichte Hand nicht angenommen wird, dann verbirgt sich dahinter evtl. Abwehr, sogar Ablehnung, seltener ist Scheu ein Grundmotiv dafür. Vorsicht ist hier allerdings bei ausländischen Mitbürgern geboten. In einigen Ländern gibt es den eigentlichen Händedruck, wie wir Europäer ihn kennen, nicht. Sie haben ihn erst hier angenommen.

Diese Eindrücke bedürfen einer täglichen Schulung und der ständigen Bewusstmachung. Menschenbeobachtung ist eine wichtige Voraussetzung für eine urteilssichere Menschenbewertung. Hierbei müssen wir unterscheiden, ob ein Fremder, Bekannter, Verwandter oder Freund die Hand gibt. Bei diesen Personen lässt sich sehr gut die momentane Stimmung ableiten und prüfen. Dies alles sind die ersten Übungen für eine spätere gute und sichere Beobachtungsgabe/-beurteilung. Sie sollte wie das Zähneputzen zu unserem täglichen Aufgaben gehören. Dabei ist es stets wichtig, sich selbst zu einer Neutralität im *Händegeben* zu erziehen.

Sehr viel Aufschluss gibt uns auch die *Gestik*. Meistens werden die Gespräche mit Gestik und Mimik mehr oder weniger noch unterstrichen. Hier zeigt sich zusätzlich noch der Menschentyp. Temperamentvollere Personen unterstreichen fast immer mit vielen Handbewegungen und Gebärden ihre Worte. Introvertierte Menschen neigen eher dazu, ihre Hände in den Schoss zu legen als (extrovertierte) bewusst Agierende.

Eine seit längerer Zeit bestehende Mode ist das Umarmen und der angedeutete Kuss, wie ihn die Orientalen und Russen schon seit jeher praktizieren. Diese Begrüßungsformel ersetzt den Händedruck und wird häufig zur Gestik herzlich freundschaftlicher Begegnung.

Die Gestik

Wie Sie sicherlich schon mehrfach beobachtet haben, wahrscheinlich auch schon an sich selbst, wird die Sprache mehr oder weniger durch die Mimik und Gestik unterstrichen. Es gibt Leute, die unterstreichen ihre Mitteilungen geradezu „gefährlich" mit den Händen, dass man immer auf der Hut sein und die Gegenstände zur Seite räumen sollte. Aber auch die Gestik ist eine Art Sprache. Sie unterstreicht die Worte und setzt sie punktgenau ein. Nur wenn angemessen sie mit einbezogen wird, verdeutlicht sich das ganze Aussagebild.

Wenn jemand aus lauter Nervosität mit den Händen nicht weiß wohin, dann lasse ich ihn ganz nebenbei in die Schale mit Edelsteinen greifen. Mit dem ausgewählten Heilstein in der Hand fließen die Sätze meist viel ruhiger. Die Gedanken werden konzentrierter und die Gestik wirkt nicht mehr so zerfahren. Die Hände unterstreichen bewusster das Gesprochene. Natürlich kann man reine Temperamentsbündel mit Steinen nicht zähmen, aber beruhigen und besänftigen. Übrigens Temperamente sind nicht unbedingt länderabhängig. Es gibt sehr wohl auch „Nordlichter", die viel davon besitzen und ganz ruhige Südländer.

Zuhören

Zuhören ist rein physikalisch gesehen ein Aufnehmen akustischer Schwingungen, welche dann im Gehirn via Nervenbahnen und –zentralleitstellen erst als die differenzierten Reize, sprich Töne, wahrgenommen werden, so dass wir dann über komplizierte chemische und physikalische Vorgänge physiologisch feststellen, was uns diese Reize vermitteln und wie wir zu handeln imstande sind. Um dies nun vereinfacht zu sagen, heißt es nichts anderes, dass wir Töne als Schwingungen wahrnehmen und sie dann blitzschnell umsetzen können; manchmal nur durch Mimik oder Gestik, meistens aber durch die Sprache erwidern und/oder unterstreichen.

Was heißt *Zuhören*?! Jeder behauptet doch tagein tagaus: ich höre dir/ihnen zu. Aber stimmt das wirklich? Oder lassen wir uns nicht allzu oft von unseren eigenen Schwächen dazu verleiten, einfach *„wegzuhören"* oder eigene Gedanken *„dazu-zu-hören"*? Hinzukommt, dass jeder Mensch ein anderes Gehör besitzt, die Töne anders wahrnimmt und auch ein anderes Hörverständnis besitzt. Denken Sie nur an das Erlernen einer Fremdsprache oder an das bekannte Flüsterspiel aus Kindertagen. Und genau um dieses *Hörverständnis* geht es. Dazu benötigt man zunächst aber ein Hilfsmittel.

Die Sprache

Sie ist das Werkzeug zum Gehör während jeder Kommunikation, Unterhaltung, eines Gespräches. Ich mache aber gleich darauf aufmerksam, dass auch so-genannte Gehörlose sehr wohl „hören", mit verstehen. Doch das ist ein anderes Thema, dies zu beleuchten, würde hier zu weit führen. Beschränken wir uns also auf unsere „Ton-Sprache", die wir hören und umzusetzen versuchen.

Gehen wir mal einen Tagesablauf kurz durch: „Guten Morgen". Überlegen Sie einmal *was* und vor allem *wie* sagen Sie es selbst und *wie* Ihre Mitmenschen. Sicherlich haben Sie sich schon dabei ertappt, dass Sie sich sagten: „Ohje der Chef hat aber schlechte Laune", nur weil er dem „Guten Morgen" vielleicht eine andere Klangfärbung gab als sonst. „Wie geht's?" Diese Floskel besagt nichts und doch sehr viel. Hier hört jeder am schnellsten heraus, ob einem tatsächlich zugehört werden will, also ein wirkliches Interesse an einem Gespräch vorhanden ist oder ob es nur so hingesagt wird. Es ist sehr wichtig, dass man zuhört. Erstens weiß man gleich, wie man sich selbst dem Gegenüber zu verhalten hat und zweitens wird sofort dessen Stimmungslage erkannt und kann sich darauf einstellen. Sicherlich werden Sie jetzt einwenden, dass das nicht ganz stimmt. Denn manch einer –

und das sind nicht sehr wenige – kann seine Stimme so beherrschen, dass man unmöglich herausfindet wie es ihm geht. Ebenso wie das „Guten Morgen" verhält es sich mit dem „Auf Wiedersehen". Will derjenige mich wirklich wiedersehen. Genau hier setzt die Arbeit der guten Berater ein.

Wahrscheinlich ist Ihnen allen schon aufgefallen, dass einige sehr schnell sprechen, andere immer betont langsam. Manche haben ein sehr lautes Organ, andere wiederum sind fast nicht zu hören. Bitte vergessen Sie für diesen Augenblick Landschaftsbilder (Friesland, Bayern, Appenzell, Bern) und die damit verbundenen Sprachgepflogenheiten. Allerdings findet man ganz spezifische Regionen, die ihre ganz spezifische Eigenart der Sprache (Dialekt) haben. Und dies gilt für alle Länder. Darüber sollte man sich bewusst sein. Ich denke, anhand des Dialektes, welcher mehr oder weniger zum Ausdruck kommt, hört man, wessen landschaftlichen Eigenheiten die Sprache entspringt. Gutes Zuhören ermöglicht ein gezieltes Nachfragen und besseres Sich-Einfühlen-Können. Man hört also genauer zu. Es gibt z.B. Dialektformen, welche einen leicht näselnden Klang haben. Dies zu hören ist insofern wichtig, da daraus geschlossen werden kann, dass die Person nicht zuerst zu einem HNO-Arzt geschickt werden muss oder eine spezielle Vor- bzw. Zusatzbehandlung benötigt, sondern dies die Sprache des speziellen Landschaftsgebietes ist. Sie sehen schon, wie vielschichtig die Töne und das Hören dieser Töne ist.

Die Sprache selbst wird, wie schon erwähnt, als Werkzeug benutzt. Nur durch genaues Zuhören kann man die feinen Unterschiede herausfiltern. Bei der Beobachtung haben wir bereits festgestellt, dass der erste Eindruck des Patienten im Geiste bildlich festgehalten wird. Gleichzeitig sollte man der Klangfärbung der Sprache Aufmerksamkeit widmen. Es gibt aber auch Personen, die sich bestimmte Sprachgewohnheiten zu Eigen gemacht haben (z.B. fremdsprachige Bürger/innen), die nicht mit dem Erscheinungsbild übereinstimmen. Das Fingerspitzengefühl – sprich die optische Wahrnehmungsfähigkeit und das geschulte Gehör des Beraters ist dann gefragt. Hier ist der erste Eindruck nicht unwichtig. Spricht der Patient schnell, hektisch, fast über seine Worte stolpernd, leise oder zurückhaltend. Macht er Pausen – wenn ja, bewusst gesetzte oder als seine eigene Eigenart? Was steckt dahinter, wenn er so schnell gehetzt spricht? Was, wenn er langsam bedächtig redet? Warum redet er so laut oder so leise? Stellt sich im Gespräch heraus, dass keine Krankheit (je nachdem gehört diese in fachärztliche Hände oder muss separat behandelt werden) zugrunde liegt, sollte erst recht gut zugehört werden. Aufgepasst bei sehr gut formulierten Sätzen, also bei sehr guter Sprache. Das gute Ausdrücken und Wohlformulieren kann sowohl regional – Herkunftsgebiet (Niedersachsen), erziehungsbedingt, aber auch durch bewusste oder unbewusste Sprachpflege bei entsprechenden Berufen angeeignet sein. Wichtig scheinen bei allen Formen der Sprache, des Ausdruckes, der Stimmlage, die Zwischentöne, die gesetzten und ungesetzten Pausen. Ich habe immer wieder festgestellt, dass gerade die feinen Abweichungen von ganz entscheidender Bedeutung sind, welche unbedingt herausgehört werden sollten. Wie auch beim Beobachten der Person und des Einschätzens des ersten Händedrucks schon erwähnt, sollte das *richtige* Zuhören – erlernt und geschult werden.

Beraten

Beraten ist gleich Reagieren und bedeutet, dass man zuvor gut beobachtet und zugehört hat. Man will ja nicht rätseln. Allerdings ist es, wie in der Humanmedizin auch, im natürlichen Heilverfahren ein gewisses Raten in der Behandlung enthalten. Nicht immer trifft man sofort den aus dem Gleichgewicht geworfenen Punkt des Ratsuchenden. Da jedoch die Natur zu Hilfe genommen wird, sind die Folgen nicht so gravierend oder gar verheerend, wie sie in der Schulmedizin sein können. Im Gegenteil, es kann sogar ganz nützlich sein, die scheinbar „verkehrte" Substanz einzunehmen. Sie kann auch den gesunden Teil des Organismus unterstützen, kräftigen und dem kranken Teil Raum zur Gesundung geben. Die Pflanzen- und Mineralienwelt z.B. bieten ein so reichhaltiges Spektrum an, dass sicherlich das bestgeeignetste Heilmittel gefunden werden kann. Geduld heißt hier das Zauberwort. Es braucht Zeit für die Wirkung der Therapie. Sie setzt nicht sofort spürbar an, wie z.B. in der Allopathie (Schmerz – Aspirin). Beraten und Reagieren heißt ein intensives Eingehen auf den Ratsuchenden und ihn ernst nehmen. Evtl. empfiehlt es sich, ihn dringendst zu einem „gewöhnlichen, herkömmlichen „Schulmediziner"   oder   zu   einem

Psychologen/Psychotherapeuten zu vereisen. Wir Heilpraktiker/Innen haben dem Patienten gegenüber eine hohe Verantwortung. Deshalb ist das genaue *Beobachten* und geschulte *Zuhören* so wichtig. Auf unsere Reaktion legt der Klient großen Wert. Nicht nur wir beobachten und hören zu, nein auch unsere Hilfesuchenden beobachten uns und hören uns zu. Es ist besser, eine Behandlung mit der natürlichen Medizin abzulehnen, als dass eine in geschulte allopathische Behandlung gehörende Krankheit übersehen/-hört wird. Manches Mal sind wir für den Ratsuchenden die „letzte" Hoffnung. Manches Mal dürfen wir ihn auch auf seinem letzten Weg begleiten; ihm aber auch den Neubeginn verschönern und erleichtern.

Das Befragen ohne Auszufragen ist das vorsichtige Herantasten zum „Übel". Viele kleine Schritte führen oft schneller ans Ziel als große unbedachte. Die Aufnahme der Persönlichkeit, des Umfeldes, der Stärken und Schwächen, Vorlieben und Abneigungen erscheint oft überflüssig, vielleicht sogar lästig bis „peinlich". Sie erleichtern jedoch das spätere Reagieren und zielgenauere Herausfinden der passenden Therapie. Hier nehme man sich viel Zeit. Beide Seiten müssen sich kennenlernen, beobachten, heraushören, sich einfühlen. Mit der Tür ins Haus fallen, schließt dieses womöglich aus. Der Klient sollte das Gefühl bekommen, *er* nur *er* sei zurzeit die wichtigste Person im Leben des Heilpraktikers/der Heilpraktikerin. Dabei kann schon das Empfinden der tickenden Uhr im Hintergrund irritierend auf den Hilfesuchenden wirken. Dies ist Ihnen sicherlich bei Ihrem Arzt auch schon negativ aufgefallen. Gerade dann, wenn man sich so richtig *mies* fühlt und ein paar „Streicheleinheiten" benötigt, stößt die Hektik am meisten auf. Die Kunst der Beratung liegt darin, die Sitzung ruhig zu gestalten, dass aber in einer bestimmten Zeit viele wichtige Dinge besprochen und abgerundet behandelt wurden.

Ist das „richtige Rezept" zur Genesung gefunden, ist die **Beratung** der nächste wichtige Schritt. Wir führen den „Kranken" in seine neue „natürliche Gesundung". Die Erklärung der gewählten Therapieform, der richtigen Anwendung, der genauen Dosierung und Dauer der Einnahme eines Mittels ist von großer Bedeutung für den Genesungsprozess. Mit dem gegebenen Mittel sind oft viele Faktoren verbunden. Dies muss man dem Klienten mitteilen.

Der Mensch ist ein Ganzes – eine Einheit. Ist die Komplexität ins Wanken geraten, hat es meist mehrere Gründe. Deshalb befragt man den Ratsuchenden auch über sein Umfeld. Vielleicht ist in kleinen Schritten, es zu ändern, der grösste Erfolg. Seine Ess- und Lebensgewohnheiten sollten auf den Gesundungsprozess und der späteren Gesunderhaltung neu abgestimmt werden. Wichtig ist der Hinweis, dass dies nicht von einer Minute zur anderen geschieht. Eine Tablette hilft nur momentan, rasch die Kopfschmerzen (z.B.) zu nehmen. Das Wachsen und Gedeihen in der Natur benötigt seine Zeit und auch das Heilen der „Wunden" viel Geduld. Eine Krankheit kommt nicht von heute auf morgen. Sie ist im Laufe der Zeit entstanden, gewachsen, hat sich „entwickelt". So braucht sie auch eine Zeit, bis wieder der gesunde Zustand hergestellt ist.

Raten bedeutet nicht mit dem erhobenen Zeigefinger „befehlen". Die verwundete Symmetrie des menschlichen Körpers will streichelnd beraten werden. Die Reaktion des vorsichtigen Herantastens ist entscheidend, ob der Ratsuchende zu der naturmedizinischen Heilung schlussendlich steht und damit sich selbst wieder ins Lot bringen kann. Raten und Reagieren sind die Folge des

Beobachtens und Zuhörens, sind Wegweiser zur ganzheitlichen Gesundung.

Diese persönliche, einleitende und begleitende „Checkliste" ist sehr hilfreich bei meiner Tätigkeit als Therapeutin. Sie erleichtert mir den Zugang und das Verständnis depressiver Patienten.

In den nächsten Kapiteln führe ich Sie in die psychologischen Behandlungsmöglichkeiten ein. Ein sehr umfassendes und vielseitiges Gebiet. Die Grundkenntnisse darüber sind der Schlüssel zu einer naturtherapeutischen Begleitung v. a. psychisch Erkrankter.

Depression

Einführung

Depression (lateinisch: *depressio:* das Niederdrücken), psychische Störung, die durch Gefühle der Wertlosigkeit, Traurigkeit, Hilf- und Hoffnungslosigkeit und durch Schuldgefühle gekennzeichnet ist.

Wissenschaftler des Max-Planck-Instituts für Psychiatrie in München und der Technischen Universität Dresden berichteten im Jahre 2000, dass 7% der Deutschen zwischen 18 und 65 Jahren an einer behandlungsbedürftigen depressive Erkrankung litten. Neueste Studien zeigen ein ähnliches Bild. Wie hoch die Dunkelziffer ist, lässt sich nur erahnen.

Ursachen für die Berufsunfähigkeit

Psychische Erkrankungen und Nervenkrankheiten
haben in den letzten Jahren am stärksten zugenommen

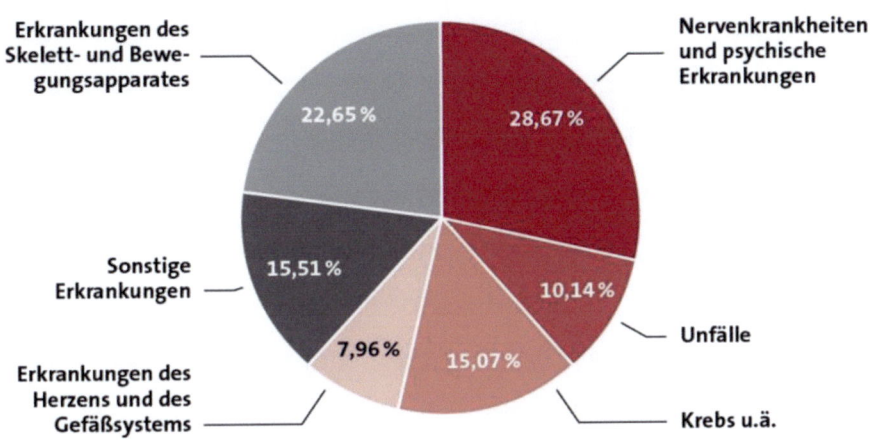

Erkrankungen des
Skelett- und Bewe-
gungsapparates

Nervenkrankheiten
und psychische
Erkrankungen

22,65 %

28,67 %

Sonstige
Erkrankungen

15,51 %

10,14 %

7,96 %

15,07 %

Unfälle

Erkrankungen des
Herzens und des
Gefäßsystems

Krebs u.ä.

© Quelle: MORGEN & MORGEN, Stand April 2013

Bild 3

Man unterscheidet in der Psychiatrie grob zwei Formen: Die *reaktive* Depression tritt als Folge bestimmter Ereignisse auf (z.B. dem Verlust eines geliebten Menschen, des Arbeitsplatzes), geht aber in ihren Symptomen weit über die normalen Formen der Traurigkeit hinaus. Sie klingt jedoch meist nach einer gewissen Zeitspanne wieder ab. Die *endogene* Depression hingegen besteht in lang anhaltender und schwerer Traurigkeit ohne erkennbaren Grund. Als Ursache werden biochemische Störungen (z.B. Chromosomenveränderungen, Mitochondriopathie) vermutet. Als Folge beider Depressionsformen (reaktive und endogene) können zahlreiche Begleitsymptome auftreten, beispielsweise Schlaf- und Essstörungen, Initiativlosigkeit, Selbstbestrafung, Rückzugstendenzen, Antriebslosigkeit bis hin zur völligen Erstarrung (Stupor). Depressive sind je nach Schwere ihrer Erkrankung latent oder akut selbstmordgefährdet. Die Krankheit trifft Männer und Frauen aller Altersgruppen und aller Gesellschaftsschichten. Frauen sind (möglicherweise aufgrund ihrer sozialen Rolle) häufiger betroffen. Bereits im Altertum waren Depressionen als sogenannte Melancholie (Schwarzgalle) bekannt, über deren Behandlung (wie bei seelischen Störungen generell) Ratlosigkeit herrschte. Heute werden allgemein die Lebensumstände der modernen Industrie- und Leistungsgesellschaft mit ihren negativen Aspekten wie Vereinzelung, Vereinsamung, Werteverlust, Dauerstress (oxidativer, interrogativer u.a.) etc. für den signifikanten Anstieg depressiver Erkrankungen mitverantwortlich gemacht. Dieser Anstieg dürfte nicht unwesentlich auf eine verbesserte Diagnostik bzw. ein geschärftes Problembewusstsein bei Ärzten wie Patienten zurückzuführen sein.

Im ICD 10 sind die verschiedensten Formen klassifiziert. Es gibt unzählige Untergruppierungen. Einige Formen habe ich hier aufgelistet.

Formen

Einige depressive Störungen, welche im ICD-10 aufgeführt sind, werden im Wesentlichen in 3 Gruppen unterschieden:

1. Organische depressive Störungen (F06.32)

2. Affektive Störungen (F3)

3. Anpassungsstörungen (F43.2)

Die klassischen ICD-10-Gruppen:

F06.3   Organische affektive Störungen

F3   Affektive Störungen

F32   Depressive Episoden

F32.0   Leichte depressive Episoden

F32.1   Mittelgradige depressive Episoden

F32.2   Schwere depressive Episoden ohne psychotische Symptome

F32.3   Schwere depressive Episoden mit psychotischen Symptomen

F33   Rezidivierende depressive Störungen

F34	Anhaltende affektive Störungen
F34.1	Dysthymia
F43.2	Anpassungsstörungen
F43.20	Kurze depressive Reaktion
F43.21	Längere depressive Reaktion
F43.22	Depressive Reaktion und Angst, gemischt

Manische Depression

Die *monopolare depressive Störung* ist durch ausschließlich depressive Episoden gekennzeichnet. In der *bipolaren manisch-depressiven* Erkrankung wechseln sich depressive und manische (Tief-Hoch; down-up-syndromics) Episoden ab. Diese auch als „Schübe" bezeichneten Phasen treten vor allem im Zusammenhang mit bestimmten Formen der *Schizophrenie* auf.

Bei der so genannten *Major Depression* und der depressiven Phase der manisch-depressiven Erkrankung" herrscht Niedergeschlagenheit vor, auch wenn die Patienten sich dessen vielleicht gar nicht bewusst sind. Kennzeichnend ist, dass sie alles Interesse an ihren gewohnten Aktivitäten verlieren. Symptome sind u.a. Schlafstörungen (Durchschlafstörungen), Appetitverlust oder Heißhunger, Konzentrationsunfähigkeit, Entscheidungsunfähigkeit, verlangsamtes Denken, Energieverlust, Gefühle der Wertlosigkeit, Schuldgefühle und Gefühle der Hoffnungs- und Hilflosigkeit, verringertes sexuelles Interesse sowie Suizidgedanken.

In der manischen Phase der *bipolaren Erkrankung* kann der Patient gehobener, überschwänglicher oder reizbarer Stimmung sein. Die Betroffenen verhalten sich bizarr und teilweise sozial nicht akzeptabel. Weitere Symptome sind u.a. übertriebene Redseligkeit, Gedankenflucht, Ablenkbarkeit, Mangel an Urteilsvermögen, Größenwahn und verringertes Schlafbedürfnis.

Diese Erkrankung kann auch durch Schock, vorübergehendes einmaliges Ereignis (z.B. plötzlicher Arbeitsverlust) ausgelöst werden.

Burnout-Syndrom

Burnout-Syndrom (englisch: *burn out:* ausbrennen), Zustand der chronischen Erschöpfung, der durch Antriebs- und Leistungsschwäche, Gedächtnisstörungen, Niedergeschlagenheit und Müdigkeit gekennzeichnet ist, oftmals begleitet von einer erhöhten Anfälligkeit für Depressionen, Erkrankungen des Herzens und Kreislaufsystems sowie von Infektionen.

Das Burnout-Syndrom ist eine *stressbedingte Gesundheitsstörung*. Besonders häufig betroffen sind

Menschen in Berufen des sozialen und medizinischen Bereichs, etwa Lehrer, Sozialarbeiter, Ärzte und Krankenschwestern sowie Personen, die an sich besonders hohe Anforderungen (Perfektionismus) stellen oder die im Beruf einem unverhältnismäßig hohen Leistungsdruck ausgesetzt sind (Manager, Kadermitglieder). Das Burnout-Syndrom kann ausgelöst werden, wenn psychische und physische Leistungsgrenzen durch lang anhaltende Überforderung durchbrochen werden. Eine Überforderung entsteht entweder durch selbst gesetzte, unrealistisch hohe Anforderungen an die eigene Person, sie kann aber auch Folge äußerer Umstände sein, etwa in Verbindung mit einer extremen Arbeitszeitbelastung wie Nacht- oder Schichtdienst oder gar durch Missachtung von arbeitsrechtlichen Regelungen (unzureichende Arbeitsbedingungen, unzulässig viele Überstunden). Betroffene bezeichnen sich z.B. als „ausgelaugt" oder „vollkommen verausgabt", häufig sind sie mit den eigenen Leistungen unzufrieden. Die wachsende innere Spannung kann zu tatsächlich nachlassender Leistungsfähigkeit führen und im Versuch einer Bekämpfung der Symptome im Alkohol, Nikotin, Schlaf- oder Beruhigungsmittel gipfeln.

Das zunehmend häufigere Auftreten des Burnout-Syndroms seit den beiden letzten Jahrzehnten des 20. Jahrhunderts führte zu einer Thematisierung des Begriffs in Wissenschaft und den Medien. Hintergrund dieser Entwicklung ist offensichtlich die Verschlechterung der Arbeitssituation immer größerer Bevölkerungskreise durch erhöhte Intensität, Überforderung, Zunahme von Arbeitslosigkeit, Schichtarbeit, überlange Arbeitszeiten, Verdrängung ungesunden Verhaltens, absichtlichen Leistungsdruck etc. Als das Wirtschaftswachstum der siebziger Jahre in den achtziger Jahren durch krisenhafte Erscheinungen abgelöst wurde, reagierten viele Länder mit einer neoliberalen Wirtschafts- und Sozialpolitik (Thatcherismus, Reagonomics), welche die Position von Arbeitnehmern im Wirtschaftsleben beschnitt („Sozialabbau"). Gleichzeitig erlahmte angesichts von Massenarbeitslosigkeit und politischem Druck die gewerkschaftliche Gegenmacht, Tarifverträge wurden ausgehöhlt oder sogar ignoriert. In der Folge gerieten immer mehr vereinzelte, um ihren Arbeitsplatz bangende, mit gesteigerten Leistungsanforderungen konfrontierte Arbeitnehmer in eine Situation der chronischen Überanstrengung und damit in ein Burnout-Syndrom.

Subjektiv erlebt wurde die sich verschlechternde Arbeits- und Lebenssituation als Zunahme von „Stress und Hektik".

Die Psychotherapie des Burnout-Syndroms zielt darauf ab, dem Betroffenen die Ursachen des Krankheitsbildes sowie die Unangemessenheit der – selbst oder durch andere – gestellten Leistungsanforderungen bewusst zu machen, um den Teufelskreis aus Misserfolg und sinkender Leistungsfähigkeit zu durchbrechen und künftige Überforderung einzudämmen.

Dystonie, vegetative

Dystonie, fehlerhafter Spannungszustand (Tonus) des vegetativen Nervensystems. Vegetative Dystonie bezeichnet ein mit vielen verschiedenen Krankheitszeichen einhergehendes Beschwerdebild, für das weder krankhafte Vorgänge oder gestörte Funktionen des menschlichen Organismus, noch anatomische Veränderungen verantwortlich gemacht werden können. Es handelt sich um so genannte funktionelle Störungen, als deren Ursachen psychische Belastungen, vor allem Stress und Konfliktsituationen gelten. Sie treten gehäuft zwischen dem

30. und 40. Lebensjahr auf. Die Patienten leiden häufig unter Kopfschmerzen, Magenbeschwerden, Herzbeschwerden, Herzrhythmusstörungen, Schwindelgefühlen, Atembeschwerden und Rückenschmerzen, Müdigkeit, sexuellen Funktionsstörungen und versteckten Depressionen. Für die Diagnose wichtig ist der (zeitliche) Zusammenhang von Beschwerden und Konfliktsituationen ohne nachweisbare organische Erkrankungen. Diese sollten unbedingt mit einer naturheilkundlichen Therapie (Vitalstoff-, Mineralstoff-, Phytotherapie) begleitet werden. Die Behandlung erfolgt in erster Linie durch Psychotherapie. In der Naturheilkunde erkannte man schon vor Jahren, dass auch eine Mitochondriopathie vorliegen kann. Diese wird durch eine Unterversorgung an Vitalstoffen, Spurenelemente, Mineralstoffe usw. hervorgerufen. Die freien Radikalen (Oxidantien) können nicht mehr durch Antioxidantien genügend zerstört werden. Die Folge kann eine vegetative Dystonie u.a. sein.

Angst

(urverwandt mit dem lateinischen Wort angustus: eng), allgemein eine Stimmung oder ein Gefühl der Beengtheit, Beklemmung und Bedrohung vor einer drohenden denkbaren Gefahr, die mit einer Verminderung oder Aufhebung der willens- und verstandesmäßigen Steuerung der eigenen Persönlichkeit einhergeht.

Sind unsere Gene verantwortlich?

Manche Menschen neigen zu starken Angstgefühlen. Wissenschaftler haben ein Gen gefunden, dass dafür verantwortlich sein könnte.

Die Nervenzellen im Gehirn sind für die Weiterleitung von Informationen zuständig. Eine Störung in diesem Ablauf kann krankhafte Angstzustände auslösen.

Weiterleitung von Informationen

Die Nervenfasern transportieren Reize in Form von elektrischen Signalen. Am Ende der Nervenfasern werden dann Botenstoffe freigesetzt, die über einen schmalen Spalt zur nächsten Nervenzelle gelangen und so die Information von einer Nervenzelle zur anderen weiterleiten. Bei jedem Menschen läuft dieser Vorgang unterschiedlich ab.

Für die Unterschiede in der Weiterleitung von Informationen sind Gene verantwortlich. Wie in anderen Zellen befindet sich auch im Kern einer Nervenzelle Erbmaterial. Schon eine kleine Änderung in der Abfolge der Bausteine in bestimmten Bereichen kann die Übertragung von Botenstoffen im Gehirn entscheidend verändern.

Botenstoff Serotonin

Wissenschaftler entdeckten nun beim Menschen ein Gen, das im Zusammenhang mit einer verstärkten Tendenz zu Angstgefühlen steht. Dieses Gen ist für die Produktion von speziellen Transportern verantwortlich.

Diese Transporter sorgen dafür, dass der Botenstoff Serotonin in den Spalt zwischen zwei Nervenzellen ausgeschüttet und so ein Signal im Gehirn weitergegeben werden kann. Nach dem Ausschütten wird der Botenstoff wieder in die ursprüngliche Zelle aufgenommen.

Serotonin-Mangel

Der DNS-Bereich, der die Aktivität des Gens steuert, ist bei verschiedenen Menschen unterschiedlich lang. So werden bei einem langen Abschnitt zehnmal mehr Serotonin-Transporter produziert als bei einem kurzen.

Dementsprechend entsteht bei Menschen mit einem kurzen Genabschnitt ein Mangel an Transportern, es gelangt nur wenig Serotonin zurück in die Nervenzellen. Deshalb können die Zellen auch nur kleine Mengen des Botenstoffs erneut freisetzen. Als Folge ist an der Kontaktstelle zwischen den Nervenzellen zu wenig Serotonin vorhanden. Die Wissenschaftler vermuten, dass dieser genetisch verursachte Serotonin-Mangel im Zusammenhang mit den starken Ängsten steht.

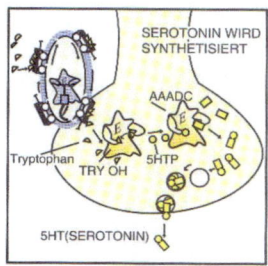
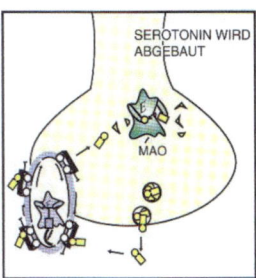
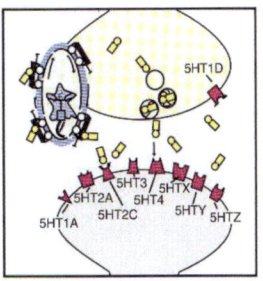

ABBILDUNG 3.8. Serotonin wird enzymatisch aus Tryptophan, seinem Aminosäurepräkursor, synthetisiert, nachdem dieses aus dem Blutstrom in das serotonerge Neuron aufgenommen wurde. Der Tryptophan-Transporter ist nicht identisch mit dem Serotonin-Transporter (siehe Abbildung 3.9). Durch das Enzym Tryptophan-Hydroxylase (TRYOH) wird Tryptophan zu 5-Hydroxytryptophan (5-HTP) umgewandelt. Aus 5-HTP entsteht durch ein weiteres Enzym, die aromatische Aminosäuren-Decarboxylase (AAADC), Serotonin (5-Hydroxytryptamin, 5-HT). Serotonin wird in synaptischen Vesikeln gespeichert, bis es durch einen neuronalen Impuls freigesetzt wird.

ABBILDUNG 3.9. Serotonin wird durch das Enzym Monoaminoxidase (MAO) in ein inaktives Stoffwechselprodukt umgewandelt. Das präsynaptische 5-HT-Neuron verfügt über eine serotoninselektive Transportpumpe („Serotonintransporter")- analog zum NA-Transporter in NA-Neuronen (Abbildung 3.2) und zum DA-Transporter in DA-Neuronen (Abbildung 3.6).

ABBILDUNG 3.10. Die Erforschung der serotonergen Rezeptoren wurde in den letzten beiden Jahrzehnten sehr intensiv vorangetrieben. Man unterscheidet mittlerweile wenigstens vier Haupttypen von 5-HT-Rezeptoren, die ihrerseits nach pharmakologischen oder molekularen Eigenschaften weiter subtypisiert werden. Neben dem Serotonin-Transporter gibt es präsynaptisch einen weiteren axonalen Serotonin-Rezeptor (5-HT$_{1D}$-Rezeptor) sowie diverse postsynaptische Serotoninrezeptoren (5-HT$_{1A}$, 5-HT$_{1D}$, 5-HT$_{2A}$, 5-HT$_{2C}$, 5-HT$_3$, 5-HT$_4$ und andere, die als 5-HT X, Y und Z bezeichnet werden).

Bild 4

Aus heutiger Sicht wird der Angst ein vielschichtiger Rahmen zugewiesen, der von der konkreten Furcht vor einem bestimmten Gegenstand bis hin zur gegenstandslosen Lebens-, Existenz- und Weltangst reicht. Die individuell unterschiedliche Anfälligkeit für Angstgefühle wird in der Psychologie als *Angstneigung* definiert. Diese kann, wie andere Persönlichkeitsmerkmale auch, in Fragebögen erfasst und ausgewertet werden. Das zentrale Merkmal der Angst ist ein intensives seelisches Unbehagen. Das Gefühl, dass man zukünftige Ereignisse nicht bewältigen kann. Die

41

betreffende Person neigt dazu, sich nur auf die Gegenwart und nur auf die Erledigung einer Aufgabe zu konzentrieren.

Körperliche Symptome der Angst sind z.B. Muskelanspannung, schwitzende Handinnenflächen, nervöse Magenbeschwerden, Kurzatmigkeit, Schwindelgefühle, Schlafstörungen, geistige Blockierung und Herzklopfen. Extreme Angstreaktionen können auch Zittern sowie der plötzliche Kontrollverlust über die Ausscheidungsfunktionen sein. Nach Jeffrey A. Gray sind insbesondere Anzeichen einer bevorstehenden Bestrafung und Frustration Auslöser für Angst. G. Mandler weist zudem auf den kognitiven Aspekt der Angst hin, wonach im Mittelpunkt die subjektive Einschätzung steht, der konkreten Situation machtlos ausgeliefert zu sein.

Tatsächlich wurden bis ins späte 19. Jahrhundert die Symptome extremer Angst regelmäßig für Herz- oder Atembeschwerden gehalten. Zu jener Zeit erkannte Sigmund Freud die Angstneurose erstmals als eigenständige Diagnose. Freud glaubte, das Gefühl der Angst trete immer dann auf, wenn das Verhalten einer Person infolge (seiner Ansicht nach instinktgesteuerter) aggressiver oder sexueller

Triebe gesellschaftlich nicht akzeptabel sei. Die Angst fungiere dann als Auslöser für eine Abwehrreaktion, um diese Triebe zu unterdrücken oder in andere Bahnen zu lenken. Wenn die unbewussten Abwehrmanöver keinen Erfolg hätten, erfolge eine neurotische Angstreaktion. Auf Freud basiert auch die Unterscheidung zwischen Realangst (als angemessene Reaktion auf eine tatsächlich vorhandene Gefahr) und neurotischer Angst (die scheinbar grundlos und unangemessen ist). Letztere hat ihre Ursache demnach in unbewusst empfundenen seelischen Verletzungen (Traumata) und unbewältigten Konflikten.

Die Lerntheoretiker des Behaviorismus sahen die Angst in einem anderen Licht. In Experimenten wurde festgestellt, dass Angst erlernt wird, wenn das angeborene Gefühl der Furcht zusammen mit zuvor als neutral empfundenen Objekten oder Situationen auftritt (Konditionierung). Gewisse Berühmtheit erlangte eine Versuchsanordnung (experimentell erzeugte Angstneurose), bei der ein Kleinkind gleichzeitig mit der Präsentation eines (eigentlich als niedlich empfundenen) weißen Kaninchens einem schmerzhaft schrillen Ton ausgesetzt wurde. Die Angst vor dem lauten Ton übertrug sich unweigerlich auf das Kaninchen, es war damit „angstbesetzt". Weitere Erfahrungen zeigten, dass auf diese Weise *erlernte* Ängste nur schwer aus dem Bewusstsein zu löschen sind und sich außerdem auf ähnliche Objekte (in diesem Fall alles was weiß und flauschig ist) ausweiten können. Unbestimmte Ängste haben demnach oft ihre Wurzel in derartigen Schlüsselerlebnissen. Die Folge solcher *Phobien* sind oft mehr oder minder erfolgreiche Vermeidungsstrategien (bei Angst vor Hunden z. B. das Wechseln der Straßenseite), die allerdings zu einer weiteren Verstärkung der Angst und zu bedeutsamen Einschränkungen der Lebensqualität führen können: Im Extremfall wagt sich ein Betroffener überhaupt nicht mehr aus dem Haus. Nicht zuletzt deshalb sind Phobien behandlungsbedürftig (Verhaltenstherapie).

Psychiater unterscheiden mehrere „*Geistesstörungen*", bei denen Angst das Hauptsymptom ist, z.B. Panikattacken und allgemeine Angststörungen. Panikattacken treten vorübergehend auf, während allgemeine Angststörungen eher chronischer Natur sind. Angststörungen gehören zu den verbreitetsten seelischen Störungen in westlichen Ländern und sind die häufigste seelische Störung in den Vereinigten Staaten, wo sie fast 4% der Bevölkerung treffen. Es gibt Hinweise darauf, dass Angehörige entsprechend vorbelasteter Familien besonders anfällig für solche Störungen sind. Bewusstseinsbeeinflussende Medikamente, Psychotherapie, Verhaltensmodifikation und Therapien aus dem Bereich der Komplementärmedizin, wie Entspannungstraining, werden allein oder kombiniert zur Behandlung von Angststörungen eingesetzt.

Eine der Säulen der modernen psychoanalytischen Theorie und Praxis ist das Konzept der Angst, die in bestimmten Gefahrensituationen geeignete Abwehrmechanismen auslösen soll. Diese Gefahrensituationen sind nach der Beschreibung Freuds:

- die Furcht vor dem Verlassenwerden oder der Verlust eines geliebten Menschen (des Objekts),
- das Risiko, die Liebe des Objekts zu verlieren,
- die Gefahr der Vergeltung und Bestrafung
- und ein dem Zufall unterliegender (auch unbegründeter) Schuldvorwurf durch das Über-Ich.

Daher stellen alle Symptome, dazu gehören charakterliche und impulsive Störungen, die Freud *Perversionen* nannte, und Sublimierungen ausnahmslos Kompromisse dar. Diese

Kompromisse sind nichts anderes als verschiedene Formen der Anpassung. Das Ich versucht diesen Zustand der Anpassung zu erreichen, indem es die sich im Konflikt befindliche Kräfte in seinem Geist mehr oder weniger erfolgreich zu vereinen sucht.

Unfall und Depression

Man geht in der neuesten Wissenschaft mittlerweile davon aus, dass nach einem leichten Schädeltrauma sich die Nervenköpfchen mit ihren dazugehörigen genetischen Informationen wieder regenerieren und nicht wie bisher angenommen, diese für immer absterben und die Lücke nie mehr geschlossen werden kann. Bei einem schweren Aufprall bis hin zu einer Schädelfraktur ist die Wahrscheinlichkeit allerdings erheblich grösser, dass diese Nervenzellen so durcheinander geschüttelt und zerstört werden, dass sich die darin befindliche Erbmasse (DNA) nachhaltig verändert. Diese Erkenntnis lässt nun die Psychowissenschaft zu dem Schluss kommen, dass nach einem Unfall, der Patient andere Wahrnehmungen hat als vorher. In mehreren Langzeitstudien hat man in Amerika Mitarbeiter, Chefs, Freunde und Angehörige eines

Unfallopfers gefragt, inwiefern sich dieser in seinem Verhalten verändert hat. Je schwerer der Unfall war und womöglich auch noch einige Zeit ein Komaereignis vorlag, umso schwerwiegender haben sich die Verhaltensmuster verändert. Nicht nur, dass die somatischen Funktionen sich anders im Bewusstsein festsetzen, sondern auch die Schmerzempfindungen und die psychischen Wahrnehmungen wurden in den meisten Fällen bewusster aufgenommen. Was früher vor dem Unfallereignis eine Bagatelle war, wurde nachher zu einem ernsthaften Problem. Ebenso kam es vor, dass ein Mitarbeiter, der ruhig und still, exakt seine Arbeit verrichtete, plötzlich bei jeder Kleinigkeit ausrastete. Ein aktiver Ehemann und Vater plötzlich ein "Faulenzer" (Phlegmatiker) wurde.

Auffallend war auch bei Patienten, welche keine Erinnerung mehr an das eigentlich Unfallgeschehen hatten, sich regelmäßig bei kleinsten Erschütterungen aufgeregt und ängstlich zeigten. Ebenso bekamen diese dann plötzlich Kopfschmerzen und sonstige somatische Schmerzempfindungen. Bisher kannte man solche Simultanschmerzen nur bei Amputationen. So stellten die Amerikaner die These auf, dass das Gehirn nichts vergisst und sehr wohl ein Zusammenhang zwischen einem

Unfallereignis und einer Depression hergestellt werden kann. Die Dissoziation des *Ichs* vom *Ich* ist ein natürlicher Selbstschutz vor der Eigenzerstörung nach einem erlebten Trauma, z.B. eines Unfalles.

Noch gibt es keine hinreichenden Erkenntnisse, um damit eine Anerkennung bei Entschädigungsansprüchen geltend machen zu können. Sollte dieser Nachweis jedoch einmal gelingen, wird es sicherlich eine Flut von Invaliditätsansprüchen bzw. Schadens- oder Opferansprüchen auf die Gesellschaft zukommen. Andererseits würden endlich viele Geschädigte ernst genommen, besser unterstützt und therapiert werden können. Aus meiner persönlichen Erfahrung wird in Deutschland selten eine Depression infolge eine Unfalls anerkannt. In der Schweiz entscheidet man von Fall zu Fall.

Wie Sie anhand der oben geschilderten Depressionsformen erkennen, nimmt Angst einen großen Stellenwert ein. In der heutigen Leistungsgesellschaft mit immer größeren Anforderungen ist die Angst ein stetiger Begleiter. Die Angst vor dem Versagen, einer drohenden Entlassung, also Existenzängste, um nur einige wenige zu nennen, haben ihre

Wurzeln oftmals schon in der Kindheit werden aber durch gesellschaftliche Bedingungen gefördert und aktiviert.

Selbstverständlich gibt es noch eine Vielfalt mehr an Depressionsformen. Doch um alle aufzuführen, würde diese Arbeit zu umfassend machen. Deshalb habe ich mich auf die, in meiner Praxis am häufigsten vorkommenden psychischen Störungen beschränkt.

Auftreten

Vieles deutet darauf hin, dass die Anlage zu einer depressiven Störung vererbt wird (Genetik). In Familien, in denen bereits eine depressive Erkrankung vorkam, ist die Wahrscheinlichkeit eine depressive Störung zu entwickeln, größer als im Durchschnitt der Bevölkerung. Der höhere Anteil von Frauen an depressiven Störungen kann biologisch begründet sein bzw. damit im Zusammenhang stehen, dass die weibliche Geschlechterrolle, Gefühle der Passivität und Hilflosigkeit begünstigt. Die Statistiken, denen zufolge mehr Frauen als Männer unter Depressionen leiden, können zumindest zum Teil auch dadurch erklärt werden, dass diese Störung bei Männern häufig nicht diagnostiziert wird, obwohl sie vorhanden ist, da Männer bei Problemen nicht so schnell Hilfe suchen wie Frauen. Sie reagieren sich auf ihre eigene Weise oft auch an den eigenen Frauen ab.

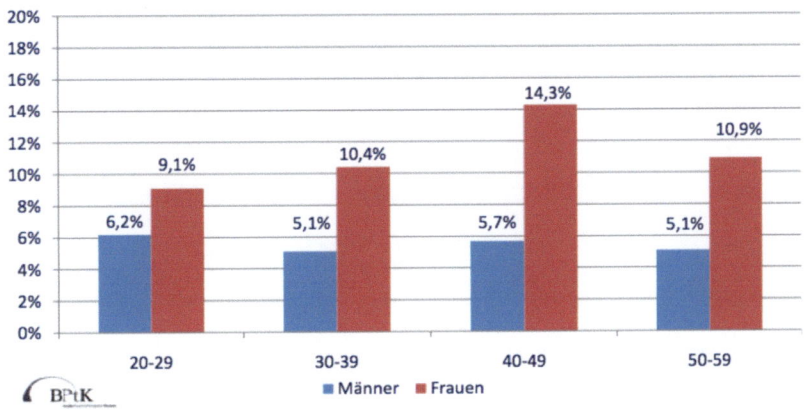

Abbildung A2: Depressionen in der Allgemeinbevölkerung

Quelle: BPtK, 2011

Re-Analyse der Daten des Bundesgesundheitssurveys (Wittchen & Jacobi, 2001) durch die BPtK. Angegeben sind 12-Monats-Prävalenzen depressiver Episoden in gewichteten Prozentwerten, hochgerechnet auf die angegebenen Altersgruppen der deutschen Bevölkerung.

Bild 5

Untersuchungen zufolge kann die Anlage zur Depression auch mit einer übermäßigen Empfänglichkeit gegenüber dem *Neurotransmitter* Acetylcholin im Gehirn zusammenhängen. In der Haut einer Reihe depressiver Patienten wurde eine stark erhöhte Anzahl von Rezeptoren für Acetylcholin gefunden. Forscher der Washington University School of Medicine in Saint Louis berichteten 1999, der Hyppocampus, eine Gehirnregion, die für Gedächtnis und Lernen von Bedeutung ist, sei bei Depressiven deutlich kleiner. Wie Mitarbeiter der Duke University in North Carolina (2000) berichteten, könne eine Depression auch durch einen unbemerkt gebliebenen *Schlaganfall* ausgelöst werden; dies betreffe insbesondere über 50-jährige Patienten. Andererseits sind depressive Patienten nach einem Bericht der University of Michigan relativ häufig von Schlaganfällen betroffen, offensichtlich weil Depressionen die *Arteriosklerose* beschleunigen. Niederländische Forscher berichteten im Jahre 2002 im *Journal of Neurology, Neurosurgery, and Psychiatry,* die im höheren Lebensalter verringerte Gehirndurchblutung könne ebenfalls Ursache für Depressionen sein. US-amerikanische Forscherinnen fanden nach einem (2002) in den *Annals of Epidemiology* erschienenen Artikel, dass Farmer und Farmarbeiter, die sich mit Organophosphaten vergiftet hatten, häufig an Depressionen litten; Organophosphate sind organische *Phosphor*verbindungen, die als Insektizide eingesetzt werden.

Behandlung

Die Behandlung depressiver Störungen erfolgt aus schulmedizinischer Sicht überwiegend medikamentös, häufig begleitet von einer Psychotherapie. Man hat Zusammenhänge mit der Dysfunktion zweier wichtiger Transmittersysteme im Gehirn gefunden (Serotonin und Noradrenalin). Behandelt werden diese Störungen hauptsächlich mit zwei Medikamentengruppen: trizyklische bzw. tetrazyklische *Antidepressiva* und *Monoaminoxidasehemmer* (MAO-Hemmer, MAOH).

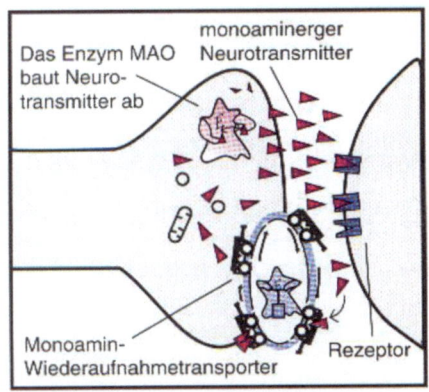

NORMALZUSTAND - KEINE DEPRESSION

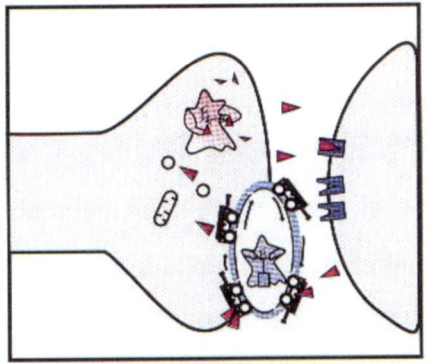

DEPRESSION: AUSGELÖST DURCH EINEN
MANGEL AN NEUROTRANSMITTER

Bild 6

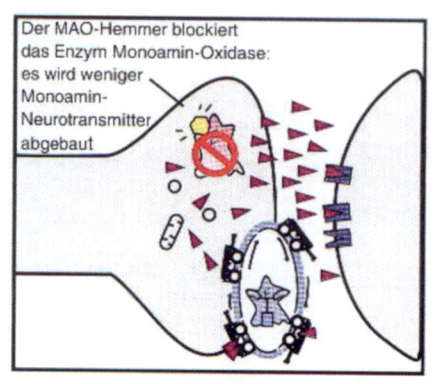

Der MAO-Hemmer blockiert das Enzym Monoamin-Oxidase: es wird weniger Monoamin-Neurotransmitter abgebaut

ZUNAHME AN NEUROTRANSMITTERSUBSTANZ STELLT DEN NORMALZUSTAND WIEDER HER

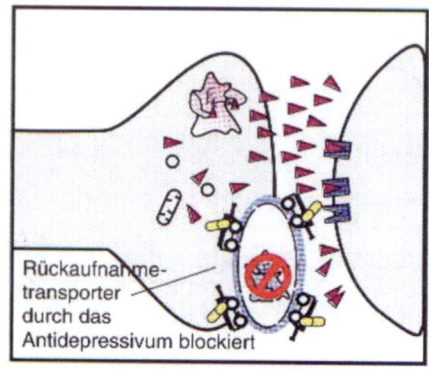

Rückaufnahme-transporter durch das Antidepressivum blockiert

ZUNAHME AN NEUROTRANSMITTERSUBSTANZ STELLT DEN NORMALZUSTAND WIEDER HER

Bild 7

Bei der Behandlung mit Letzteren muss eine bestimmte Diät eingehalten werden, da die MAO-Hemmer mit dem in Käse, Bier, Wein, Hähnchenleber und anderen Nahrungsmitteln vorkommenden Tyraminen interagieren und außerdem eine Erhöhung des Blutdruckes bewirken. Die trizyklischen Antidepressiva erfordern keine spezielle Diät, können aber das Herzgewebe schädigen. Sie wirken, indem sie die Wiederaufnahme von *Serotonin* und *Noradrenalin* durch die Nerven hemmen, so dass diese Botenstoffe länger wirken können. Ein weiteres, in den letzten Jahren verstärkt verschriebenes Medikament zur Behandlung depressiver Störungen ist *Fluoxetin* (Fluctin), das die Wiederaufnahme von Serotonin im Gehirn hemmt. Gegen eine Langzeitgabe von Fluoxetin spricht jedoch eine erhebliche Suchtgefahr sowie die – wie bei allen Antidepressiva – nicht zu vernachlässigenden Nebenwirkungen. Nach einem 1999 in der Zeitschrift *New Scientist* erschienenen Bericht wurde möglicherweise ein neuer Wirkmechanismus von Fluoxetin aufgedeckt: Das Präparat regte im Tierversuch das Wachstum neuer Hirnzellen an, so dass sich der bei Depressiven verkleinerte Hippocampus unter dem Einfluss des Mittels regenerieren könnte. Für die Behandlung der manisch-depressiven Erkrankung hält man die Medikation mit Lithiumsalzen, einem verbreiteten Mineralstoff, für die wirkungsvollste Behandlung zur Vorbeugung gegen manische Schübe. Allerdings muss die für den Patienten notwendige Dosis individuell exakt bestimmt werden. Lithium beeinflusst die Nerventätigkeit, indem es die Konzentration des Neurotransmitters Glutamat reguliert. Wie US-amerikanische Forscher 2001 im *American Journal of Psychiatry* berichteten, können *Placebos* bei der Behandlung Depressiver ähnlich wirksam sein wie echte Medikamente. Nach der Einnahme von Placebos wurde eine Aktivierung bestimmter Bereiche der Hirnrinde nachgewiesen, nach der Einnahme von Antidepressiva nahm bei einer Vergleichsgruppe jedoch die Aktivität in dem betreffenden

Bereich ab. Wie US-amerikanische Forscher 2002 *im Journal of the American Medical Association* mitteilten, sind die als Antidepressivum eingesetzten Wirkstoffe des *Johanniskrauts* nicht wirksamer als Placebos. Andere Forscher führen dies auf die Selektierung des einzelnen Wirkstoffes zurück. In einer weiteren Studie haben sie nun das Kraut in seiner Gesamtheit, also in der Globalität der Informationsstoffe und Wirkung getestet. Die Forscher bestätigen das seit Jahrtausenden alte Wissen. Die Ganzheit der Pflanzen entfaltet die volle Wirkung.

Die Kliniken für Psychiatrie und Psychotherapie bzw. für Neurochirurgie der Universität Bonn berichteten 2001 über die Behandlung von Depressionen mittels einer Vagusnerv-Stimulation. Dieser Nerv, der u.a. Blutdruck und Herzfrequenz steuert, wird bei der Behandlung in regelmäßigen Abständen mittels einer feinen Elektrode stimuliert. Die Mediziner implantieren dem Patienten dazu einen Schrittmacher im Brustbereich unter die Haut; von diesem Gerät führt eine Leitung zum Vagusnerv am Hals. Durch die Stimulation werden sowohl die Durchblutung bestimmter Hirnareale als auch die Ausschüttung solcher Neurotransmitter beeinflusst, die bei Depressionen eine

Rolle spielen. Die Vagusnervstimulation hat sich bereits bei bestimmten Formen der *Epilepsie* bewährt.

Grundsätzlich gilt:
Depression ist nicht Depression

Antidepressiva

Antidepressiva, zu den Psychoanaleptika (griechisch: *analeptikos:* erfrischend, stärkend, wiederherstellend) gerechnete Psychopharmaka, die depressive Grundstimmungen aufhellen.

Das erste Antidepressivum war der Monoaminoxidase-Hemmer (MAO-Hemmer) Iproniazid. Es wurde 1951 ursprünglich zur Behandlung von Tuberkulose entwickelt. Man stellte fest, dass die damit behandelten Patienten trotz ihrer Krankheit vergnügt und ausgelassen wurden. Ein anderes um die gleiche Zeit eigentlich als Antihistaminikum synthetisiertes Präparat wurde schließlich der Vorläufer des Imipramins. Die Mehrzahl der Antidepressiva gehört zu den tricyclischen Präparaten (carbo- oder heterocyclische Siebenringe mit zwei ankondensierten Benzolringen und Propylaminoseitenkette). Sie hemmen die Wiederaufnahme von Serotonin und Noradrenalin aus dem synaptischen Spalt ins Axoplasma (Zytoplasma des Axons). Sie blockieren in unterschiedlichem Ausmaß Neurotransmitter-Rezeptoren (u.a. cholinerge sowie -adrenerge Rezeptoren und Histamin-Rezeptoren). Die früher übliche Zweiteilung in Thymoleptika (Mittel mit stimmungsaufhellenden Eigenschaften) und

Thymeretika (mit antriebs-steigerndem Effekt) ist heute kaum mehr üblich, da man thymeretische Effekte einer antidepressiven Therapie zumeist mit thymoleptischen verbindet.

In welcher Weise sich der antidepressive Effekt aus der Einwirkung auf die Überträgerstoffe ergibt, ist noch unerforscht. Die eigentliche antipsychotische Wirkung beginnt erst nach mehreren Wochen: Stimmungslage und Antrieb steigen. Möglicherweise sind es langsamere Adaptionsprozesse des Zentralnervensystems, welche die Antidepressiva wirksam werden lassen. Tricyclische Antidepressiva können in drei Haupttypen eingeteilt werden: Der Desipramin-Typ wirkt (zusätzlich zum antidepressiven Effekt) psychomotorisch aktivierend und eher Angst fördernd. Der Imipramin-Typ ist bezüglich seiner den Antrieb beeinflussenden Eigenschaften neutral und der Amitryptilin-Typ besitzt dämpfende sowie Angst lösende Eigenschaften.

MAO-Hemmer erhöhen durch Blockade des Enzyms MAO die Konzentration der Monoamine im Zentralnervensystem. Bei gleichzeitiger Zufuhr von Tyramin (decarboxyliertes Tyrosin), z.B. durch Käse, Rotwein oder andere

Medikamente können sie eine gefährliche Hypertonie verursachen; bei neuen MAO-hemmenden Wirkstoffen wie Moclobemid ist dieses Risiko allerdings geringer. Weder zu den tricyclischen noch zu den MAO hemmenden Antidepressiva gehört das neu entwickelte Fluoxetin, es wirkt auf den Patienten ähnlich wie MAO-Hemmer.

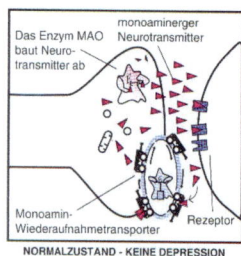

NORMALZUSTAND - KEINE DEPRESSION

ABBILDUNG 2.1. Die Abbildung zeigt den Normalzustand eines monoaminergen Neurons, das den Neurotransmitter (ein Monoamin) in normalem Rhythmus freisetzt. Das Ergebnis ist: „keine Depression". Alle Elemente des neuronalen Regelkreises arbeiten ebenfalls normal:
(i) das Enzym Monoaminoxidase (MAO), das die Neurotransmitter abbaut,
(ii) der Monoamin-Wiederaufnahmetransporter, eine Art Pumpe, die die Neurotransmitter durch Wiedereinschleusung in das ausschüttende (präsynaptische) Neuron aus dem synaptischen Spalt entfernt und damit inaktiviert, und
(iii) die postsynaptischen Rezeptoren, die mit freigesetzten Neurotransmittermolekülen interagieren.

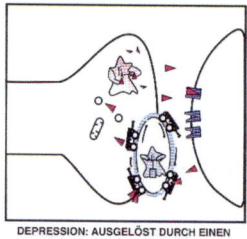

DEPRESSION: AUSGELÖST DURCH EINEN MANGEL AN NEUROTRANSMITTER

ABBILDUNG 2.2. Bei einer Depression sind die Speicher für Monoamin-Neurotransmitter entleert („Depletion" der Monaminspeicher): es herrscht ein Mangel an Neurotransmitter.

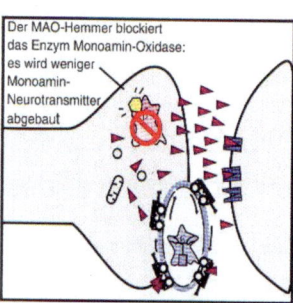

ZUNAHME AN NEUROTRANSMITTERSUBSTANZ STELLT DEN NORMALZUSTAND WIEDER HER

ABBILDUNG 2.3. MAO-Hemmer wirken dadurch antidepressiv, daß sie die enzymatische Aktivität der MAO blockieren, wodurch vermehrt Monoamin-Neurotransmitter in den synaptischen Spalt ausgeschüttet werden kann. Nach der Monoamin-Mangelhypothese wird hierdurch ein vorbestehender Mangel an Transmitter ausgeglichen (siehe Abbildung 2.2), was klinisch den stimmungsaufhellenden Effekt einleitet.

Bild 8

Lithiumsalze helfen bei bestehender Depression nicht oder kaum, Lithium ist also streng genommen kein Antidepressivum. Seine Salze eignen sich zur Prophylaxe manisch-depressiver und schizoaffektiver (zur Schizophrenie gehörender) *Psychosen* sowie zur Therapie manischer Phasen. Die Einnahme von Lithiumcarbonat im ersten Schwangerschaftsdrittel wird mit kongenitalen (angeborenen) Fehlbildungen bei *Föten* in Verbindung gebracht: So zeigte der Bericht eines internationalen Registers, welches durch Lithium geschädigte Babys erfasst, dass nach Einnahme von Lithium im ersten Schwangerschaftsdrittel bis zu 11,5% der Föten Fehlbildungen hatten.

In vielen Fällen hat sich eine mit Antidepressiva begleitende psychologische oder psychotherapeutische Behandlung als günstig erwiesen; hierzu wurden insbesondere die Verfahren der Kognitiven Therapie, der „zwischenmenschlichen Therapie" *(Interpersonal Psychotherapy)* und der Sozialverhaltenstherapie *(Social Skills Training)* entwickelt. Ebenso bewährt sich seit Jahren die prozessorientierte Psychotherapie (POP), wie A. Mindell sie entwickelte, bei durch Traumata ausgelösten Depressionen.

Psychologie oder Psychiatrie

Die Qual der Wahl – Psychologie oder Psychiatrie

In meinem Buch „Depression natürlich heilen" gehe ich ausführlich auf die Materie der natürlichen Heilmethoden – Heilkräuter, Bach-Blüten, Aromatherapie und Biochemie n. Dr. Schüssler (Schüssler Salze) ein. In dieser Arbeit möchte ich mich eingehend auf die verschiedene Psychotherapien einlassen. Dies, damit Sie ein weiteres Mosaiksteinchen im disharmonisch gewordenen, an einer Depression erkrankten Menschen erkennen. Die natürlichen Heilmethoden lasse ich immer wieder einfliessen.

Um es klar zu verdeutlichen: Depression ist nicht gleich Depression. Die Ausdrucksform einer Depression ist von Patient zu Patient verschieden. Das Erkennen einer Depression macht es nicht nur Ärzten, Psychologen und Therapeuten so schwierig sie zu erkennen, sondern auch für den Betroffenen und in ganz besonders schwieriger Weise für die Angehörigen und das Umfeld. Es ist häufig eine ganz neue Erfahrung, damit sensibel umzugehen.

Die Frage bleibt natürlich, wann schickt man einen Patienten zu einem Psychotherapeuten? Und zu welchem? Was unterscheidet die einzelnen Therapieformen? Wo ist der depressive Patient richtig aufgehoben - bei einem Psychologen, Psychiater oder einem Psychotherapeuten? In meinem ersten Buch und im Kapitel „Depression" ging ich auf die Definierung der verschiedensten Depressionsformen und -graduierungen genauer ein.

Ich möchte zunächst die Begriffe einzelner Therapieformen genauer anschauen und, sich daraus ergebend, weitere natürliche Heiltherapien vorstellen.

Aus der Fülle der Angebote habe ich hier nur die bekanntesten Therapieformen herausgepickt. Um es gleich vorneweg zu schicken: welche dieser Therapien für welchen Patienten die sinnvollste ist, lässt sich nur schwer eruieren. Da benötigt der Hausarzt ein sehr gutes Gespür und sehr gute Kenntnisse über seinen Patienten. Zudem fühlen sich Depressive oft nicht verstanden und als Versuchskaninchen abgestempelt. Vielfach sind sie auch gar nicht in der Lage, objektiv genug zu beurteilen, welche Therapieform ihnen am meisten hilft. Ein Wechsel zwischen den einzelnen Therapien lässt sich manchmal nicht vermeiden, ist sogar oft notwendig und sinnvoll. Das Optimum an Betreuung ist sehr bedeutsam. Leider geht die neueste Entwicklung (Krankenkassen, Ärztelobby usw.) in entgegengesetzter Richtung und somit gegen die Heilchancen der Erkrankten. Wie sich das in der Selbstmordstatistik niederschlagen wird, bleibt abzuwarten.

Psychologie und Psychiatrie

Die Definition der einzelnen Psychotherapiegruppen muss man die Unterscheidung der zwei großen Richtungen vorneweg schicken.

Psychologie ist die Wissenschaft vom Erleben und Verhalten des Menschen in Bezug auf Personen, Ereignissen und Objekten der Umwelt.

Hauptgebiete:

1. Empirische Psychologie

   mit den Richtungen Entwicklungspsychologie, Sozialpsychologie, medizinische Psychologie, klinische Psychologie u. a.

2. Theoretische Psychologie

   Koordinaten verschiedener empirischer Daten und theoretische Ansätzen mit der Zielsetzung, Gesetzmäßigkeiten abzuleiten.

Psychiatrie ist die Lehre von den seelischen Erkrankungen und ihrer Behandlung. Es gibt laut Pschyrembel zwei Richtungen:

1. Statische Psychiatrie:

   deskriptiv: etwa fragend nach der Abweichung von der Norm mit dem Ziel

   einer möglichst exakten Diagnose, wobei das Formale wichtiger als der Inhalt ist.

2. Dynamische Psychiatrie:

   verstehend: etwa fragend nach dem Motiv, nach dem, was der Kranke ausdrücken will, was ihn veranlasst, gerade die betreffende Symptomatik

   zu bieten. Optimal ist die Synthese beider Arbeitsrichtungen, dabei ergibt die statische Psychiatrie ein Querschnittsbild, die psychodynamische Betrachtungsform ein Längsschnittbild

3. Philosophische Psychologie

   - mit der Frage nach den Wegen des Seelischen, der Leib-Seele-Problematik sowie des Verstehen und Deuten phänomenaler Gegebenheiten (Willen usw.).

Die Ursachenforschung einhergehend mit Symptome/-verarbeitung.

Für einen Depressiven steht in der Regel zunächst das "Symptom" im Vordergrund. "Mir ist alles zu viel. Ich mag nicht mehr. Warum immer ich? Was soll ich hier noch? Alle mögen mich nicht! Ich mache immer alles falsch!" Die unendlich schier nicht endenwollenden W-Fragen spiegeln das "innere Syndrom". Dies alles lässt "Außenstehende" nicht unbedingt als Symptom erkennen, aber für *die Patienten* ist es die reale Empfindung. Gleichzusetzen mit einem schmerzenden Armbruch. Nur dieser Schmerz verschwindet nach der Behandlung, der seelische Symptomschmerz verschwindet mit/ohne Behandlung nicht wirklich. Ein weiterer Symptomschmerz sind die tatsächlich erspürten somatischen Schmerzen. „Ich habe so häufig Magenschmerzen, dass ich fast nichts essen kann; mir tun sämtliche Muskeln/Knochen weh. Ich habe Rückenschmerzen." usw. Diese Form von Depressionsschmerzen sind die schwierigsten abzugrenzenden Symptomschmerzen. Hier gilt es, den Patienten – nach meiner Erfahrung – gründlich patho-physiologisch zu untersuchen. Damit erhält der Depressive das Gefühl für seinen Körper zurück. Er fühlt sich ernst genommen: „Endlich einer der mich versteht und mir zuhört." Erst wenn klinisch kein relevantes Ergebnis vorhanden ist, findet man den Zugang zum seelischen Schmerzsymptom; ist der Patient auch am ehesten bereit über seine Krankheit zu sprechen.

Hier sieht man ganz deutlich die Verschmelzung der Psychologie und der Psychiatrie: Ursachenanalyse mit der Symptomheilung verknüpft. „Was will Dir der Schmerz sagen? Wann kommen die Schmerzen? Was verbindest Du mit diesem Schmerzen?"

Erforsche die Ursache, erkenne das Symptom und die Heilung beginnt.

Die Amerikaner gehen davon aus, dass es so viele Depressionsformen wie Menschen gibt. Nehmen wir das Beispiel der larvierten Depression. Jeder von uns trägt seine Maske. Niemand kann durch sie hindurchsehen.

„Wir sind alle Schauspieler
auf einer grossen Bühne"

(Fontane)

Erst im Gespräch zeigt sich, wie transparent die Maske ist. Im Laufe seines Lebens hat der Mensch gelernt, seine Maske aufzusetzen, wann immer er sie zum eigenen Schutz braucht oder glaubt sie zu brauchen. Leider haben Menschen schon als Kind so viel erlebt (Krieg, Vergewaltigungen, Missbräuche), Schreckliches gesehen und zu spüren bekommen, dass sie eigentlich daran gestorben wären, hätten sie nicht den angeborenen Mechanismus der Maske/Larve gehabt. – Nicht wenige dissoziierten sich aus dem Geschehen. - Diese *Larve* hilft dem geschändeten Kind ein "normales" Leben weiterzuführen, hilft ihm am Leben zu bleiben. Ohne äußere Hilfe wird aber das Erlebte gespeichert, fest verankert und es verkrustet. In *ähnlichen Situationen* wird dieses traumatisierte Kind ein Leben lang die *gleichen Handlungsabläufe, Reaktionsmechanismen* wiederholen, wie in jener zuerst erlebten Situation. Diese Abläufe werden für den heranwachsenden Jugendlichen und auch den gereiften Menschen zur *Normalität*. Bleibt es bei einem einmaligen Erlebnis kann der Mensch in der Regel ohne größere Probleme damit leben und umgehen. Kommen aber mehrere Traumata hinzu, fängt er an, sich zu schützen. Er bastelt sich seine Maske, *seine Larve*, hinter die er sich versteckt.

Manche Traumatisierte werden aggressiv, andere still und zurückgezogen, erstarren (Stupor), wieder andere mimen die ständig Fröhlichen und Optimisten. Irgendwann bei einer Kleinigkeit, einem belanglos gesagten Wort, einem Bild im Museum, einem normalen Alltagslaut werden die Erinnerungen so wach und mächtig, dass sie hinter der Maske hervorbrechen. Erkennt die Umwelt oder/und der Betroffene dies nicht, kann es zu spät für eine Hilfe sein. Dieses Erkennen ist bei Patienten mit einer larvierten Depression sehr schwer. Das Verhalten der Betroffenen wird vielfach als launisch abgetan. Er selbst "kennt" sich ja auch "nur" so.

Aus meiner persönlichen Erfahrung weiss ich, wie schwer sich Fachärzte, Therapeuten, nicht zuletzt die Familie, mit dem Erkennen einer Depression tun. Die larvierte Depression zählt mit zu den am schwersten zu erkennenden Depressionsformen. Auch bei mir wurde in letzter Sekunde die *Notbremse* gezogen. Zum einen durch meinen eigenen *Hilfeschrei* (Suizidversuch), zum anderen, weil die larvierte Depression als schwere Depression erkannt wurde.

Damit möchte ich daraufhinweisen, dass es für uns Heilpraktiker noch viel schwieriger ist, eine Depression zu erkennen und es deshalb so wichtig ist, lieber einen Patienten zu „unrecht" zu einem Arzt oder Psychologen zu schicken, als zu lange an ihm „herumzuexperimentieren". Es sei denn, Sie haben eine zusätzliche psychologische, psychosomatische Ausbildung. Die Kombination – psychosomatische Naturheilkunde – erachte ich in der heutigen Zeit als die idealste Heiltherapie.

Nur, wie öffnet man einen depressiven Menschen, um an die Ursachen seiner „Verstimmung" heranzukommen, sein momentan bestehendes Symptom zu erkennen, um das Heilungskonzept erstellen zu können? Hier gibt es viele therapeutische Ansätze medizinischer (Psychopharmaka), menschlicher Art (Gesprächstherapie, Prozessorientierte Psychotherapie usw.) und die der *Naturheilkunde*.

Psychoanalyse

Psychoanalyse, Bezeichnung einer bestimmten wissenschaftlichen Disziplin zur Erforschung *unbewusster* geistiger Prozesse; auf dieser gründet auch eine Form der *Psychotherapie*, die sich bestimmter Methoden bedient, wie z.B. der Deutung der geheimen Wünsche und der Widerstände, die deren freier Äußerung entgegengebracht werden. Der Begriff Psychoanalyse bezieht sich auch auf die systematische Struktur psychoanalytischer und psychopathologischer Theorien. Diese beruhen auf den Daten aus Deutungsversuchen und Therapien zum Verhältnis zwischen bewussten und unbewussten psychischen Prozessen.

Theorie der Psychoanalyse

Die Technik der Psychoanalyse und ein Großteil der psychoanalytischen Theorie wurden von *Sigmund Freud* entwickelt. Seine Arbeit bezüglich der Struktur und der Funktionsweise des menschlichen Geistes war sowohl in wissenschaftlicher als auch in praktischer Hinsicht von weit reichender Bedeutung.

Das Unbewusste

Die erste von Freuds Neuerungen war seine Erkenntnis der unbewussten psychischen Vorgänge. Diese folgen anderen Gesetzmäßigkeiten als bewusste Prozesse. Unter dem Einfluss des Unbewussten können sich Gedanken und Gefühle, die eigentlich zusammengehören, verschieben oder aus ihrem Zusammenhang gerissen werden. Zwei ungleiche Vorstellungen oder Bilder können zu einer einzigen Vorstellung oder einem einzigen Bild verschmelzen; Gedanken können in Form von Bildern dramatisiert werden, anstatt sich als abstrakte Begriffe zu äußern. Manche Objekte werden symbolisch in Form von Bildern anderer Objekte dargestellt. Die Ähnlichkeit zwischen dem Symbol und dem ursprünglichen Objekt mag vage oder weit hergeholt erscheinen. Die Gesetze der Logik, die für das bewusste Denken unerlässlich sind, lassen sich auf diese unbewussten, geistigen, schöpferischen Prozesse nicht anwenden.

Die Erkenntnis dieser Funktionsweisen von unbewussten geistigen Vorgängen hat das Verständnis von zuvor so unverständlichen psychologischen Phänomenen wie dem Träumen ermöglicht. Durch die Analyse unbewusster Prozesse betrachtete Freud Träume als einen Schutzmechanismus, der den Schlaf gegen störende Impulse schützen sollte, die von innen an die Oberfläche drängten und mit frühen Kindheitserinnerungen zusammenhingen. So werden inakzeptable Impulse und Gedanken, auch latenter Trauminhalt genannt, in ein bewusstes Erlebnis umgewandelt, das nicht mehr unmittelbar verständlich ist und *manifester Traum* genannt wird. Das Wissen dieser unbewussten Mechanismen erlaubt dem Analytiker, die so genannte Traumarbeit (dies ist der Prozess, in dem der latente in den manifesten Traum umgewandelt wird), umzukehren und durch eine Interpretation des Traumes die ihm zugrunde liegende Bedeutung herauszufinden.

Instinktive Triebe

Eine grundlegende Annahme der Freud'schen Theorie besteht darin, dass die unbewussten Konflikte mit instinktiven Impulsen (Trieben) zusammenhängen. Diese haben ihren Ursprung in der Kindheit. Wenn diese unbewussten Konflikte vom Patienten durch die Analyse erkannt werden, kann er Lösungen finden, die für den unreifen Geist des Kindes nicht möglich waren. Diese Beschreibung der Rolle instinktiver Triebe im Leben eines Menschen ist ein typisches Merkmal der Freud'schen Theorie.

Nach Freuds Lehrschrift über kindliche Sexualität ist die Sexualität des Erwachsenen das Endprodukt eines komplexen Entwicklungsprozesses. Seinen Anfang nimmt er in der Kindheit, bezieht eine Vielzahl von Körperfunktionen oder -bereichen (orale, anale und genitale Zonen) mit ein und verschiedene Stadien des kindlichen Verhältnisses zu Erwachsenen, vor allem zu seinen Eltern. Von entscheidender Bedeutung ist dabei die so genannte ödipale Phase, die etwa im Alter von vier bis sechs Jahren auftritt, weil das Kind auf dieser Entwicklungsstufe zum ersten Mal einer emotionalen Bindung zum Elternteil des anderen

Geschlechts fähig ist, die der Beziehung eines Erwachsenen zu seinem Partner ähnelt. Das Kind reagiert zugleich als Rivale des Elternteiles mit demselben Geschlecht. Die körperliche Unreife verurteilt das Verlangen des Kindes zur Frustration und seinen ersten Schritt zum Erwachsensein zum Scheitern. Geistige Unreife macht die Situation noch komplizierter, da sie die Kinder Angst vor ihren eigenen Phantasien haben lässt. Das Ausmaß, in dem das Kind dieser emotionalen Wallungen Herr wird und in dem diese frühkindlichen Bindungen, Ängste und Phantasien im Unbewussten weiterleben, hat einen starken Einfluss auf das spätere Leben als Erwachsener, vor allem auf seine Liebesbeziehungen.

Die Konflikte, die in den früheren Entwicklungsphasen auftreten, haben auch die wichtige Bedeutung eines formenden Einflusses, weil diese Probleme die frühesten Urformen so grundlegender menschlicher Situationen wie Abhängigkeit von anderen und Erfahrung von Autorität darstellen. Das Verhalten der Eltern, das diese gegenüber dem Kind während dieser Entwicklungsphasen zeigen, spielt ebenfalls eine grundlegende Rolle bei der Prägung des Individuums. Allerdings verkompliziert die Tatsache, dass das Kind nicht nur auf die objektive Realität reagiert, sondern auch auf phantastische Verzerrungen der Realität, die bestgemeinten erzieherischen Bemühungen.

Es, Ich und Über-Ich

Der Versuch, die verwirrende Zahl von miteinander in Zusammenhang stehenden, im Zuge der psychoanalytischen Forschung gemachten Beobachtungen (S. Freud), zu systematisieren, führte zur Entwicklung eines Modells (Würfel-Modell von Yvonne Maurer, IKP (Institut für Körperzentrierte Psychotherapie)) des strukturellen Aufbaus der Psyche. Diese besteht aus drei funktionellen Systemen, die zweckmäßig als *Es, Ich* und *Überich* bezeichnet werden.

Das erste System bezieht sich auf die sexuellen und aggressiven Neigungen, die ihren Ursprung im Körper haben, der vom Geist unterschieden wird. Freud nannte diese Neigungen *Triebe.* Sie werden oft ungenau als Instinkte bezeichnet, um auf ihren inneren Ursprung hinzuweisen. Diese dem Körper innewohnenden Triebe verlangen nach sofortiger Befriedigung, die als angenehm empfunden wird. Es wird daher vom *Lustprinzip* beherrscht. In seinen späteren Schriften tendierte Freud eher zu einer psychologischen als zu einer biologischen Einordnung der Triebe.

Die Aufgabe des zweiten Systems, des Ichs, ist die Gewährleistung der Befriedigung. Das Ich ist das Zentrum von Funktionen wie Wahrnehmung, Denken und motorische Kontrolle, durch die das Ich Umweltbedingungen genau einschätzen kann. Um seine Funktion der Anpassung oder des Realitätstestes zu erfüllen, muss das Ich in der Lage sein, die Befriedigung der instinktiven Impulse aus dem Es zurückzustellen. Um sich gegen inakzeptable Impulse zu verteidigen, entwickelt das Ich spezielle psychische Hilfsmittel, die als Abwehrmechanismen bezeichnet werden. Diese umfassen z.B. Verdrängung (das Aussperren von Impulsen aus der bewussten Wahrnehmung), Projektion (der Prozess, seine eigenen unbewussten Wünsche anderen zuzuschreiben) und Reaktionsbildung (der Aufbau eines Verhaltensmusters, das in einem direkten Widerspruch zu einem starken unbewussten Bedürfnis steht). Solche Abwehrmechanismen werden immer dann aktiviert, wenn Angst die Gefahr signalisiert, dass die ursprünglichen inakzeptablen Impulse wieder an die Oberfläche kommen könnten.

Inakzeptabel wird ein Impuls des Es nicht nur durch die zeitweilige Notwendigkeit, seine Befriedigung zurückzustellen, bis das Individuum die geeigneten Umweltbedingungen gefunden hat. Viel häufiger erfolgt die Einstufung als inakzeptabel infolge eines Verbots, das dem Individuum von anderen auferlegt worden ist, meist von seinen Eltern. Die Gesamtheit dieser Anforderungen und Verbote stellt den wesentlichen Gehalt des dritten Systems, des Überichs, dar. Seine Funktion ist es, das Ich in Übereinstimmung mit den von den Eltern vorgegebenen verinnerlichten (internalisierten) Normen zu kontrollieren. Wenn die Anforderungen des Überichs nicht erfüllt werden können, kann es bei der betreffenden Person zu einem Gefühl der Scham und Schuld kommen.

Da das Überich in der Freud'schen Theorie aus dem Kampf, den ödipalen Konflikt zu überwinden, hervorgeht, ist seine Macht der eines Triebes vergleichbar. Es ist teilweise unbewusst und kann Schuldgefühle aufkommen lassen, die nicht durch irgendeine bewusste Überschreitung gerechtfertigt werden. Das Ich, das zwischen den Anforderungen des Es, denen des Überichs und denen der Außenwelt vermitteln muss, ist unter Umständen nicht stark genug, diese miteinander in Konflikt stehenden Kräfte zu versöhnen. Je mehr das Ich in seiner Entwicklung behindert wird, weil es in frühere Konflikte verstrickt ist (Fixierungen oder Komplexe), oder je mehr es auf frühere Befriedigungen und archaische Funktionsweisen zurückgreift (Regression), desto grösser ist die Wahrscheinlichkeit, diesem Druck zu unterliegen. Das Individuum ist unfähig, normal zu funktionieren, und kann seine begrenzte Kontrolle und seine Integrität nur aufrechterhalten, indem es neurotische Symptome entwickelt, in denen sich die Spannungen offenbaren.

Sigmund Freud war Pionier der Psychoanalyse. Aus ihr haben sich sehr viele Strömungen der Psychologie und Psychiatrie entwickelt.

1906 hatte Freud einen kleinen Kreis von Schülern und Anhängern um sich geschart, u.a. die österreichischen Psychiater Wilhelm Stekel und *Alfred Adler*, den österreichischen Psychologen *Otto Rank*, den amerikanischen Psychiater Abraham Brill und die Schweizer Psychiater *Eugen Bleuler* und *Carl Gustav Jung*. Als weitere bedeutende Mitglieder kamen 1908 der ungarische Psychiater *Sándor Ferenczi* und der britische Psychiater *Ernest Jones* hinzu.

Carl Gustav Jung (1875-1961), Schweizer Psychiater, der die analytische Schule der Psychologie als eigene tiefenpsychologische Richtung gründete. Jung erweiterte die Arbeit von Sigmund Freud auf dem Gebiet der *Psychoanalyse*, wobei er geistige und emotionale Störungen als Versuch interpretierte, persönliche und psychische Ganzheit zu erlangen.

Jungs therapeutischer Ansatz zielte auf eine Wiedervereinigung der verschiedenen Persönlichkeitszustände ab, die er nicht nur in die Gegensätze introvertiert und extrovertiert gespalten glaubte, sondern auch in die Gegensätze von Wahrnehmung und Intuition bzw. Gefühl und Denken. Durch das Verständnis der Art und Weise, wie sich das persönliche Unbewusste in das kollektive Unbewusste einfügt, könne ein Patient den Zustand der Individuation oder Ganzheit des Selbst erreichen.

Alfred Adler, ein Schüler Freuds, unterschied sich insoweit von Freud und Jung, als er den Schwerpunkt auf ein Gefühl der Unterlegenheit legte, das seiner Meinung nach die treibende Kraft des Menschen darstellt. Dieses Gefühl entsteht, sobald ein Kleinkind die Existenz von anderen Menschen in seiner Umgebung begreift, die besser in der Lage sind, für sich zu sorgen und mit ihrer Umwelt zurechtzukommen. Ab dem Moment, in dem sich das Gefühl der Unterlegenheit eingestellt hat, versucht das Kind, dieses Gefühl zu überwinden. Weil Unterlegenheit unerträglich ist, kann es passieren, dass das Individuum die Kontrolle über die von seinem Geist errichteten Kompensationsmechanismen verliert. Die Folge ist eine egozentrische, neurotische Haltung, Überkompensation und ein Rückzug aus der realen Welt und ihren Problemen.

Adler hob vor allem jene Unterlegenheitsgefühle hervor, die aus den drei nach seiner Ansicht wichtigsten Beziehungen entstehen: die zwischen dem Individuum und Arbeit, Freunden und geliebten Menschen. Das Vermeiden von Unterlegenheitsgefühlen in diesen Beziehungen veranlasst das Individuum, sich im Leben Ziele zu setzen, die häufig unrealistisch sind und sich oft als übertriebener Wunsch nach Macht und Dominanz äußern. Dies führt zu jeder Art asozialen Verhaltens, vom Schikanieren anderer und Prahlen bis zur politischen Tyrannei. Adler glaubte, dass eine Analyse ein gesundes und vernünftiges Gemeinschaftsverhalten fördern kann, das nicht destruktiv, sondern konstruktiv ist.

Kritik an der Psychoanalyse

Die Psychoanalyse hat sich seit ihrer Entstehung stets mit Kritik auseinandersetzen müssen. Insbesondere die von Seiten der akademischen Psychologie vorgebrachte Kritik hat dazu geführt, dass sich Psychologie und Psychoanalyse zwar gelegentlich gegenseitig theoretisch beeinflussten, sich jedoch im Großen und Ganzen weitgehend unabhängig voneinander und in verschiedene, nicht miteinander zu vereinbarende Richtungen entwickelten. Heute sind die wissenschaftlichen Berührungspunkte zwischen Psychologie und Psychoanalyse recht gering.

Die Kritik auf die Überbetonung der Bedeutung der Sexualität für die Entwicklung vom Kind zum Erwachsenen ist heute angesichts des vollzogenen gesellschaftlichen Einstellungswandels zur Sexualität verstummt. Es muss der Psychoanalyse sicherlich als eines ihrer Verdienste angerechnet werden, zu diesem gesellschaftlichen Wandel beigetragen zu haben. Die heute vorgebrachte und keineswegs entkräftete Kritik bezieht sich sowohl auf wissenschaftstheoretisch-methodische Argumentationen als auf Einwände empirischer und theoretischer Art von Seiten der akademischen Psychologie.

Ich möchte mich hier nicht weiter auf das Für und Wider der Psychoanalyse einlassen. Sie ist ohne Zweifel ein Vorreiter unserer heutigen vielseitigen Psychologie und Psychiatrie.

Psychiatrie

Die Psychiatrie ist die Lehre von den seelischen Erkrankungen und ihrer Behandlung. Daraus ergibt sich die Formel Psychotherapie: es wird der Versuch unternommen, mit Hilfe der Psychiatrie die seelische Erkrankung zu behandeln, zu therapieren, die Selbstheilung zu aktivieren.

Zum Glück haben sich die Zeiten geändert, so dass der Name Psychiatrie den unangenehmen Beigeschmack - Psychiatrie gleich „Klappsmühle" – verloren hat. Wenn man "Balla Balla" ist, nicht mehr Herr seiner Sinne, dann kommt man in die Psychiatrie. Gemeint ist eine psychiatrische Anstalt, in der ausschließlich geistig verwirrte Menschen ihr Dasein fristen. So war die landläufige Meinung noch vor gar nicht allzulanger Zeit. Man muss dabei ganz klar unterscheiden zwischen geschlossener psychiatrischer Anstalt und einer psychiatrischen Klinik. Auch hier hat der Fortschritt Gottlob nicht halt gemacht. Kein Mensch wird in einer psychiatrischen Klinik mehr angeschnallt und in eine Gummizelle gesperrt. Es sei denn, es ist zu seinem eigenen Schutz oder anderer Menschen. Aber selbst dann versucht man diesen Kranken mit anderen humaneren Methoden zu helfen. Auch sitzen in einer Psychiatrie nicht mehr nur alte

Menschen mit Demenz, sondern auch Schizophrene und schwerst Straffällige werden dort psychologisch dauerhaft betreut. Die "Psychiatrie" versucht mittels Therapieformen auch den Patienten, welche vorübergehend aus dem Gleichgewicht geraten sind, wieder ein lebenswertes Leben zu ermöglichen. Es ist Aufgabe, Ziel, ihnen zu helfen, wieder sich selbst helfen zu können. Natürlich gibt es auch heute noch Patienten, denen man leider nicht mehr helfen kann. Diese sind zu krank, als dass Therapien anschlagen und Erfolg bringen würden. Ihnen muss man ausschließlich mit Medikamenten begegnen. Für diese Menschen ist eine Psychiatrische Klinik (Anstalt) dauerhaft der beste Schutz und geeignetste Rahmen, mit der Krankheit fertig zu werden. Aber auch für Menschen, welche aus dem Leben scheiden wollten, weil sie mit der Momentansituation nicht mehr fertig wurden, ist die psychiatrische Klinik eine gute Auffangstation. Doch man muss aufpassen, der Volksmund hat den Begriff "Psychiatrie" missbräuchlich vereinfacht und bezeichnet fast ausschließlich die klinische Einrichtung für Neurologie (Krankenhaus) für psychisch erkrankte Menschen als "Psychiatrie".

Die Wissenschaft hat natürlich schon längst erkannt, dass die seelische Erkrankung mit Namen Depression einen nachweisbaren medizinischen Grund hat. Aber die Seele und der Körper lassen sich nicht so einfach trennen. Die Krankheit als Krankheit zu erkennen und zusammen mit der Seele (Psychosomatik) zu therapieren, ist das Ziel aller Therapieformen.

Psychiatrie ist die nichtmedikamentöse Behandlung psychischer Störungen mit Hilfe von Methoden, die vor allem auf verbaler, non-verbaler und emotionaler Kommunikation basieren. Sie unterscheidet sich in zweierlei Hinsicht von der persönlichen Hilfe, die man sich unter Freunden gegenseitig leisten kann. Erstens wird eine Psychotherapie von Psychotherapeut/Innen durchgeführt, die besonders ausgebildet sind. Zweitens orientiert sich die Psychotherapie an Theorien über die Ursachen der Störungen und die zu ihrer Beseitigung notwendigen Methoden. Da das therapeutische Gespräch in den meisten Formen der Psychotherapie das wichtigste *Heilmittel* darstellt, ist die Beziehung zwischen Therapeuten und Patienten noch wichtiger als bei der medizinischen Behandlung körperlicher Leiden zwischen Arzt und Patienten.

Erst seit Mitte des 18. Jahrhunderts untermauerte man psychotherapeutische Praktiken durch wissenschaftliche Prinzipien. Der österreichische Arzt Franz Anton Mesmer arbeitete damals mit einer Art Suggestion, die *„animalischer Magnetismus"* genannt wurde. Im 19. Jahrhundert behandelte man seelische Leiden häufig mit schmerzhaften Stromstößen, deren Wirkung ebenfalls vom Einsatz der Suggestion abhing. Die Hypnose wurde vor allem im späten 19. Jahrhundert eingesetzt, beispielsweise von dem französischen Neurologen Jean Martin Charcot an der Salpêtrière in Paris.

Uns stehen heute verschiedene Psychotherapien zur Verfügung. Einige wenige - die bekanntesten und gängigsten - stelle ich Ihnen im Anschluss vor.

Psychoanalytische Psychotherapie

Angeregt von Charcots Demonstrationen über die therapeutischen Möglichkeiten der Hypnose, beschäftigte sich auch der deutsch-österreichische Arzt und Begründer der Psychoanalyse, *Sigmund Freud*, mit dieser Methode. Er setzte sie jedoch nicht ein, um seinen Patienten etwas zu suggerieren, sondern um vergessene (verdrängte), schmerzliche Erinnerungen aufzudecken. Bei der Arbeit mit seinen Patienten sammelte er auch die Daten, aus denen er die Theorie der Psychoanalyse formulierte. Nach Ansicht Freuds verdrängt der Mensch im Laufe seiner Entwicklung unannehmbare, von sexuellen und aggressiven Trieben ausgelöste Emotionen aus seinem Bewusstsein. Diese unterdrückten Emotionen, die permanent nach außen drängen, äußern sich zuweilen als Symptome einer Neurose.

Solche Symptome ließen sich nach Ansicht Freuds beseitigen, wenn man dem Patienten die unterdrückten Phantasien und Gefühle bewusst machte. Zunächst versuchte er, mit Hilfe der Hypnose Zugang zum Unbewussten zu erlangen. Das gab er jedoch bald zugunsten der freien Assoziation auf. Bei dieser Methode sollten die Patienten alles aussprechen, was ihnen zu

Träumen, Phantasien und Erinnerungen einfiel. Freud interpretierte diese Assoziationen und half seinen Patienten auf diese Weise, einen, seiner Ansicht nach, heilsamen Einblick in ihr Unbewusstes zu gewinnen.

Später legte er großen Wert auf die Einsichten, die man aus der so genannten Übertragung gewinnt, das heißt aus der emotionalen Reaktion des Patienten auf den Therapeuten, in der sich nach Ansicht Freuds frühere Gefühle gegenüber Familienmitgliedern des Patienten widerspiegeln (Familienaufstellung).

Humanistische Psychotherapie

Als Reaktion auf die Psychoanalyse entstanden humanistische Therapierichtungen, die auf einem Menschenbild basieren, in dem vor allem das Potential des Menschen, gut zu sein, im Mittelpunkt steht.

Gestalttherapie

Ein humanistischer Ansatz u. a. die Gestalttherapie, wurde von *Frederick S. Perls* entwickelt, einem deutschstämmigen ehemaligen Psychoanalytiker. Nach Ansicht von Perls bringt die moderne Zivilisation unvermeidlich Neurosen hervor, weil sie den Menschen zwingt, natürliche Bedürfnisse zu unterdrücken und damit verhindert, dass er seinem angeborenen Drang folgt und sich biologisch und psychologisch der Umwelt anpasst. Die Folge sind neurotische Ängste. Um einen Menschen zu heilen, muss man ihm seine unbefriedigten Bedürfnisse wieder bewusst machen. Mit der Ansicht, dass intellektuelle Einsicht keinen Menschen verändern könne, entfernte sich Perls von der psychoanalytischen Tradition. Er entwickelte Übungen, die das Bewusstsein eines Klienten sowohl für seine Emotionen, seinen körperlichen Zustand und seine unterdrückten Bedürfnisse als auch für die physischen und psychischen Reize der Umwelt schärfen sollten. Gestalttherapien werden in wöchentlichen Sitzungen, die sich über einen Zeitraum von bis zu zwei Jahren erstrecken können, mit Einzelpersonen und mit Gruppen durchgeführt.

Verhaltenstherapie

Im Gegensatz zu den meisten anderen Formen der Psychotherapie basiert die Verhaltenstherapie nicht auf einer

Theorie der Neurose. Vielmehr werden bei der Verhaltenstherapie die Methoden der *Experimentalpsychologie* auf die Probleme des Einzelnen angewendet. Verhaltenstherapeuten beschäftigen sich nicht mit zugrunde liegenden psychischen Kräften. Sie richten ihr Augenmerk vielmehr auf das Verhalten, das ihre Klienten belastet. Jedes Verhalten, normales und auffälliges, wird nach Ansicht von Verhaltenstherapeuten nach spezifizierbaren Prinzipien erlernt. Da diese Lernprinzipien für jede Form von Verhalten gelten, kann man sie nach Ansicht der Verhaltenstherapeuten auch dazu nutzen, störendes Verhalten zu korrigieren.

Der Verhaltenstherapeut beginnt die Behandlung damit, möglichst viel über das Problem des Patienten und die begleitenden Umstände in Erfahrung zu bringen. Er zieht keine Rückschlüsse auf Ursachen, sucht auch nicht nach einer versteckten Bedeutung, sondern konzentriert sich auf beobachtbare und messbare Phänomene. Aufgrund der Verhaltensanalyse formuliert er Hypothesen über die Umstände, die das Problem verursachen. Dann machen sich Therapeut und Patient gemeinsam daran, die Umstände der

Reihe nach zu verändern, und beobachten, ob sich das Verhalten des Klienten daraufhin verändert.

Desensibilisierung

Eine der ältesten und bekanntesten Methoden der Verhaltenstherapie ist die systematische Desensibilisierung. Dieses Verfahren entwickelte der südafrikanische Psychiater *Joseph Wolpe*. Es wird zur Behandlung von Phobien eingesetzt: Der Patient lernt, sich zu entspannen und sich dann allmählich den Situationen oder Objekten zu nähern, die bei ihm Angst auslösen.

Kognitive Ansätze

Angeregt von Denkern wie dem amerikanischen Psychologen *Albert Bandura*, haben Verhaltenstherapeuten in jüngster Zeit dem Einfluss des Denkens auf das Verhalten mehr Beachtung geschenkt. Die kognitive Verhaltenstherapie versucht mit Hilfe der Kognition, Überzeugungen und Denkgewohnheiten, die das Unbehagen des Patienten offenbar verursachen, zu verändern.

Ähnliche kognitive Ansätze verfolgten Psychoanalytiker, die von den psychoanalytischen Theorien und Methoden enttäuscht waren. Der älteste Ansatz ist die *rational-emotive* Therapie des amerikanischen Psychologen *Albert Ellis*. Seiner Ansicht nach sind irrationale Überzeugungen und unlogisches Denken die Ursache für emotionale Störungen. Er konfrontiert Patienten mit ihrer Irrationalität und ermutigt sie, konzentriert daran zu arbeiten, sie durch rationalere Gedanken und Emotionen zu ersetzen.

Eine ähnliche Methode, die sich bei der Behandlung von Depressionen bewährt hat, wurde von dem amerikanischen Psychologen *Aaron T. Beck* entwickelt. Seiner Ansicht nach haben Menschen mit Depressionen tendenziell ein negatives Selbstbild, interpretieren ihre Erfahrungen negativ und blicken ohne Hoffnung in die Zukunft. Er sieht darin im Wesentlichen eine Folge falscher Denkweisen. Seine Behandlungsmethoden zielen wie die streng *behavioristischen Methoden* darauf ab, das Problem direkt zu korrigieren und nicht seine möglichen Ursachen in der Vergangenheit zu verstehen.

Gruppentherapie

Die Gruppentherapie führt den Patienten vor Augen, dass andere Menschen die gleichen oder ähnliche Probleme haben wie sie selbst. Bei der Gruppentherapie gelten die Interaktionen zwischen den Gruppenmitgliedern als wichtigste Quelle der Veränderung und Heilung.

Gruppentherapie, Sammelbegriff für verschiedene Verfahren der Psychotherapie, bei denen der Therapeut mit einer Gruppe von zumeist fünf bis zehn Patienten bestimmte Themen bearbeitet, die im Zusammenhang mit den Problemen der Beteiligten stehen. Gemeinsam ist allen Gruppentherapien der Versuch, *gruppendynamische Prozesse* für die Therapie zu nutzen. Gegenüber einzeltherapeutischen Verfahren bestehen und entwickeln sich in Gruppen vielfältigere Möglichkeiten der gegenseitigen Identifizierung und der spontanen Reaktion zwischen den Gruppenmitgliedern. Weiterhin bietet die Gruppentherapie die Möglichkeit, neue Verhaltensformen in der Gruppe zu erproben und das eigene Verhalten und die eigenen Reaktionen mit dem Verhalten der anderen Gruppenmitglieder zu vergleichen.

Für eine Gruppentherapie kommen sowohl offene Gruppen mit wechselnden Teilnehmern als auch geschlossene Gruppen in Frage. Die Dauer der einzelnen Sitzungen wird unterschiedlich gehandhabt, es gibt gruppentherapeutische Konzepte, die das Ende der einzelnen Sitzungen von vornherein streng festlegen, andere arbeiten ohne jede zeitliche Beschränkung.

Neben den gesprächsorientierten Verfahren sind die handlungsorientierten Gruppen von zunehmender Bedeutung, u.a. das Sozio- und das Psychodrama sowie Gruppen-Verhaltenstherapien. Tiefenpsychologisch orientierte Therapeuten verwenden zunehmend Elemente der Transaktionsanalyse sowie der Primärtherapie.

Familientherapie

Eine besondere Form der Gruppentherapie ist die Familientherapie. Adler arbeitete schon in den dreißiger Jahren mit ganzen Familien. Der Familientherapie liegt die Annahme zugrunde, dass aktuelle Beziehungen innerhalb der Familie sich auf die psychischen Probleme eines einzelnen Familienmitglieds auswirken und umgekehrt.

Deshalb untersuchen Familientherapeuten nicht die inneren Konflikte eines Einzelnen, sondern versuchen Interaktionen zwischen Familienmitgliedern zu fördern und so das Wohlbefinden des Einzelnen zu steigern.

Neue Ansätze in der Psychiatrie

In den späten sechziger und in den siebziger Jahren des vergangenen Jahrhunderts wurde eine Vielzahl neuer psychotherapeutischer Methoden entwickelt und gefördert. Die frühen humanistischen Therapien beispielsweise, entstanden aus einer gewissen Unzufriedenheit mit der psychoanalytisch orientierten Psychotherapie: Sie galt als zu kostspielig, zu zeitaufwendig und elitär. Einige Kritiker vertraten auch die Ansicht, psychoanalytische Praktiken seien zu sehr intellektualisiert und zu rational. Sie befassten sich übermäßig mit der Vergangenheit und seien unnötig auf die Bewahrung abendländischer Wertvorstellungen wie Individualismus, Leistung und Produktivität ausgerichtet. Im Gegenzug entwickelten einige Theoretiker Methoden, die das Gefühl gegenüber dem Verstand und die Gegenwart gegenüber Vergangenheit und Zukunft betonen. Andere wie Ellis und Beck, die sich ebenfalls von der Psychoanalyse abgewandt hatten, sahen gerade im Verstand den maßgeblichen Faktor der Überwindung emotionaler Störungen.

Kontroverse Methoden, die die Aufmerksamkeit der Öffentlichkeit erregt haben, waren die *Primärtherapie* des amerikanischen Psychologen *Arthur Janov* und die

Transaktionsanalyse von *Eric Bernes*. Bei der Primärtherapie wird der Patient dazu ermuntert, frühe Erfahrungen mit einer Intensität wiederaufleben zu lassen, die er ursprünglich nicht zugelassen hatte. Nach Ansicht Janovs befreien solche katharischen Reaktionen den Patienten von zwanghaft neurotischem Verhalten.

Arnold Mindell wiederum entwickelte seine *prozessorientierte Psychotherapien* aus den Jung'schen Grundsätzen und baute sie weiter aus, indem er andere z.T. grenzüberschreitende Behandlungsformen (Traumerlebnisse, Schamanismus) mit einbezieht.

Kurztherapie und Krisenintervention

Ein weiterer moderner Trend in der Psychotherapie ist der Einsatz von Kurztherapien in Krisensituationen. Diese Kurztherapien wurden einerseits aus Unzufriedenheit mit oft jahrelangen psychoanalytischen Therapien entwickelt und andererseits im Hinblick auf wachsende Kenntnisse über Personen in Krisensituationen. In schweren Krisen, z.B. nach dem Tod eines geliebten Menschen, sind die Betroffenen empfänglicher für eine Veränderung – zum Guten oder zum

Schlechten. Unterstützung in solchen Zeiten kann ihnen nicht nur helfen, die Krise zu überwinden, sondern sie auch psychisch stärker machen, als sie es vor der Krise waren.

Es gibt zwei Hauptformen der Kurztherapie. Die eine richtet sich auf die Unterdrückung von Angst und bedient sich unterstützender Methoden wie Bestätigung, Suggestion, Manipulation des Umfelds und Medikation. Die andere soll die übliche neurotische Abwehrhaltung des Patienten durchbrechen, so dass eine Veränderung möglich wird. Zu diesem Zweck wird die Angst zunächst provoziert.

Prozessorientierte Psychotherapie

Arnold Mindell

ist Wegbereiter der Prozessorientierten Psychologie (POP).
Ausgehend von eigenen empirischen Beobachtungen und
Forschungen als Physiker und Lehranalytiker am C.G. Jung-
Institut in Zürich formulierte Arnold Mindell Ende der 70er
Jahre das "Traumkörper-Konzept" und begann sich verstärkt
auf die prozesshaften Aspekte der Psychotherapie zu
orientieren. Mit seinem prozessorientierten Ansatz ließen
sich die in der analytischen Psychologie bis dahin noch
wenig untersuchten Körper-, Beziehungs- und
Gruppenprozesse auf der Grundlage eines erweiterten
Modells erforschen.

Drs. med., theol. Yvonne Maurer, FMH für Psychiatrie und Psychotherapie

In Bern geboren und in Basel aufgewachsen. Diplomabschluss als eidg. dipl. Turn- und Sportlehrerin an der Universität Basel und Medizinstudium mit Staatsexamen an der Universität Basel. Auslandsemester in Paris und Buenos Aires.

Begründerin der **Körperzentrierten Psychotherapie** und der Ganzheitlich-Integrativen Atemtherapie IKP. Sie hat auch die Gesamtleitung des Ausbildungsinstituts für Ganzheitliche Therapien IKP.

Körpertherapie (häufig synonym mit Körperpsychotherapie verwendet) bezeichnet Behandlungsmethoden zur Verbesserung von Körperhaltungen und Bewegungsabläufen.

Je nach Methode werden spezielle manuelle Techniken, ähnlich wie bei der Massage oder der Physiotherapie oder Anleitungen zur Schulung von Haltungen und Bewegungen oder Mischformen von manuellen Techniken und Anleitungen angewendet. Fast alle Körpertherapiemethoden betonen die Bedeutung psychosomatischer Wechselwirkungen und gehen davon aus, dass die Körpertherapie positive psychische Veränderungen bewirkt. Im Unterschied zur Körperpsychotherapie sind körpertherapeutische Behandlungen aber nicht unbedingt in ein psychotherapeutisches Konzept eingebettet.

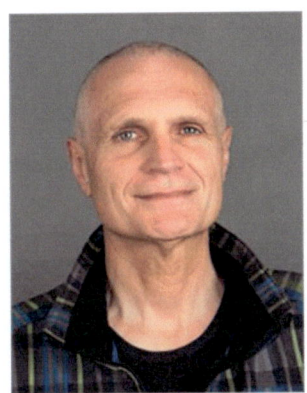

Mario Spiz, dipl. p.o. Psychotherapeut, ist seit 25 Jahren in den Bereichen Psychotherapie, Körper- und Energiearbeit, sowie Supervision und Coaching tätig. Nach seiner Ausbildung in prozessorientierter Psychotherapie entwickelte er im Laufe der Jahre eine Arbeitsmethode, die er pragmatisch als **Energetische Körper-Psychotherapie** bezeichnet. In ihr ergänzen sich in sinnvoller Weise Einflüsse aus unterschiedlichen Psychotherapie-Richtungen mit den Erkenntnissen und Entwicklungsschwerpunkten seiner jahrelangen Therapieerfahrungen auf der emotional-energetischen Ebene. Der rote Faden in seiner vielschichtigen Methode ist die Orientierung am Körper und seinen emotionalen und energetischen Ausdrucksebenen.

Die energetische Körper-Psychotherapie von Herrn Spiz ist im Grunde keine neue Psychotherapie, jedoch schliesst diese Arbeitsmethode eine Lücke in der Psychotherapielandschaft, die als wertvolle Ergänzung in der Psychosomatik gesehen werden kann.

Psychotherapeutische Methode

Prozessarbeit oder Traumkörperarbeit, wie die Prozessorientierte Psychologie auch genannt wird, entstand auf den Grundlagen der Jung'schen Psychologie unter Einbezug der modernen Physik, der System-, Kommunikations- und der Feldtheorie, der Quantenphysik sowie Erfahrungswissen aus indigenen, philosophischen und spirituellen-mystischen Quellen von Taoismus, der Alchemie und Schamanismus. Sie beruht auf der Idee, dass Träume, spontane Bewegungen, Körpersymptome, Beziehungs- und Gruppenkonflikte aus einer einheitlichen Quelle, dem Traumkörper, hervorgehen, der sich ausdrückt, wo wir uns dessen gewahr werden oder nicht. So können störende Körpersymptome oder problematische Bereiche unseres Lebens, wenn wir sie nicht interpretieren, sondern unvoreingenommen betrachten und entfalten, neue Entwicklungsschritte in Gang setzen. Das prozessorientierte Denken, Arbeiten und Forschen geht davon aus, dass der Lebensprozess als solcher seinen Sinn in sich trägt. Prozessarbeit versucht der Natur zu folgen und die Dynamik und den Fluss zu unterstützen, welche sie vorfindet. Entwicklungen, notwendige Veränderungen und allenfalls Lösungen müssen nicht von außen herangetragen werden

Sie ergeben sich von selbst aus der sorgfältigen Bearbeitung und Entfaltung dessen, was bereits geschieht.

Ein wichtiges Anliegen der Prozessorientierten Psychologie (POP) ist die „tiefe Demokratie". Diese Einstellung nimmt alle Teile eines Prozesses oder Feldes (beim Individuum und in einer Gruppe) gleich ernst und sorgt dafür, dass besonders die jeweiligen Minderheiten unterstützt und gehört werden. Auf der globalen Ebene sind deshalb die interkulturelle Arbeit und das Eintreten für Minderheiten besonders wichtig.

Historische Wurzeln erkennt die POP in Taoismus, in der Alchemie und im Schamanismus. Der phänomenologische Ansatz ist gemeinsam mit dem Taoismus. Wie die Alchemie beschäftigt sich POP mit dem genauen Studium der Dynamik der Naturprozesse und arbeitet daran, sie aufzugreifen und zu entfalten. Mit dem Schamanismus verbindet sie das Einbeziehen und Ernstnehmen des Irrationalen und Unerwarteten in ihre Arbeitsweise.

Zentraler Ansatz ist dort anzusetzen, wo der einzelne Mensch oder eine bestimmte Menschengruppe sich und ihre Probleme subjektiv erfahren und beschreiben. Durch diese

Beschreibung wird die Aufteilung des Lebensprozesses in einen bewusstseinsnäheren (primären) und einen weit vom Bewusstsein entfernten (sekundären) Teil sichtbar. Der Primärprozess bezeichnet die jeweils aktuelle Identifizierung einer Person („Ich bin…"). Während der Sekundärprozess sich auf einen Prozessteil derselben Person bezieht, der sich anhand von konkreten Signalen offenbart, aber (noch) nicht zur Identität dieses Individuums gehört („Das bin ich nicht", bzw. „Ich kann es nicht sein", bzw. „Ich weiß nicht, dass ich es bin."). Das sekundäre Material kommt uns oft fremd und störend vor. Diese sekundären Prozesse begegnen dem Ich als Träume oder Phantasien, als Stimmungen oder Zwänge, als irritierende Blockaden, Körpersymptome oder innere und äußere Konflikte. Die prozessorientierte Arbeitsweise versucht, den Zugang zu diesem sekundären Material herzustellen und es erlebbar zu machen. Durch das genaue Eingehen auf alle Einzelheiten entfaltet sich der Sinn hinter den sekundären Prozessen und es ergeben sich Hinweise auf die vorhandenen Entwicklungs- und allenfalls Heilungsmöglichkeiten.

Zwischen Primär- und Sekundärprozess konstelliert sich jeweils eine Grenze. Diese muss bearbeitet werden, damit sich das Individuum mit dem zunächst fremden Sekundärprozess auseinandersetzen kann. In der Psychotherapeutischen Prozessarbeit kommt der Auseinandersetzung an der Grenze eine besondere Beachtung zu. Hier werden die jeweils aktuellen, oft als störend erlebten sekundären Informationen als Herausforderungen und sinnvolle Entwicklungsanstöße aufgegriffen. Durch ihre Integration verändern sie die Identität des betreffenden Individuums. So findet auf der Basis der therapeutischen Beziehung eine Erweiterung der Wahrnehmung auf den gesamten Lebensprozess und eine Entfaltung des individuellen Potenzials, was in der Regel auch einen Einfluss auf das Umfeld zur Folge hat, statt. Diese Ausrichtung auf den Prozess steht dem Konzept der Individuation in der Analytischen Psychologie nahe.

Die Grundlage der prozessorientierten Arbeitsweise ist das Studium des Informationsprozesses. Insbesondere studiert sie aufgrund von objektiv wahrnehmbaren Signalen die Aufteilung des Informationsflusses in einen primären und sekundären Teil. Zur präziseren Einordnung der Signale werden diese verschiedenen Informationskanälen zugeteilt. Die POP unterscheidet vornehmlich vier „einfache" Kanäle (visuell, auditiv, kinästhetisch, propriozeptiv) und zwei „zusammengesetzte" Kanäle (Beziehung, Welt). In diesen Kanälen manifestieren sich die primären und sekundären Informationen durch Signale bzw. Doppelsignale und geben wichtige Hinweise über Prozessstruktur und Prozessdynamik, mit denen in der therapeutischen Situation gearbeitet werden kann.

Ausgehend von den Informationen in den jeweiligen Kanälen bilden die Arbeit mit Träumen, mit dem Körper und seinen Bewegungen, mit veränderten Bewusstseinszuständen sowie die Arbeit mit den Beziehungen – sowohl nach außen im sozialen Umfeld wie innerhalb der therapeutischen Beziehung – Grundelemente der Psychotherapeutischen Prozessarbeit.

In der Arbeit mit KlientInnen wird in jeder Phase und bei jeder Intervention auf das „Feedback" (Rückmeldung) des/der Klienten/in geachtet. In der POP gilt es als kontraindiziert, einen Prozess ohne verbalen und non-verbalen Konsens des/der Klienten/in (d.h. positives Feedback) weiter zu entfalten.

Psychotherapeutische Prozessarbeit wird auf alle üblichen psychotherapeutischen Indikationen im Einzel-, Paar- oder Gruppensetting angewendet. Dabei kann es um Kriseninterventionen, um begrenzte Kurztherapie oder um länger dauernde Wachstumsprozesse gehen.

Psychosomatik

Der Begriff Psychosomatik ist abgeleitet vom griechischen, die Psyche (Seele) und Soma (Körper). Darunter versteht man die Lehre von den Zusammenhängen und der gegenseitigen Beeinflussung von Seele und Körper. Körper und Geist sind bei diesem Krankheitsbild sehr eng miteinander verbunden. Ein Merkmal eines psychosomatisch Erkrankten ist seine Unfähigkeit, die erlebten Gefühle hinreichend wahrzunehmen, zu beschreiben und auszudrücken. Durch Störungen ihrer Emotionalität können betroffene Personen überwiegend nur körperliche Missempfindungen äußern.

Unter einer psychosomatischen Störung versteht man psychische Probleme wie chronischen Stress, berufliche Überforderung oder auch private Konflikte, die sich in organischen Erkrankungen ausdrücken.

Zusammengefasst kann man sagen:
„ Wenn die Psyche – die Seele – weint, dann schreit der Körper. Wenn die Soma – der Körper – weint, dann schreit die Seele."

Psychosomatische Beschwerden gehören zu den häufigsten Leiden. Das Erkrankungsrisiko steigt deutlich, wenn gravierende Einschnitte im Leben eine schnelle Anpassung an neue Lebensbedingungen erfordern. Bekannt ist z.B. der Pensionsschock. Beim Wechsel vom Berufsleben in den Ruhestand treten, mit einer Verzögerung, vermehrt Herzbeschwerden bis hin zu Herzinfarkt auf. Die psychosomatischen Störungen treten meist 6 bis 18 Monate nach dem Ereignis auf.

Heute leiden mindestens 25 % der Schweizer Erwachsenen einmal oder dauerhaft an psychischen oder psychisch mitbedingten Beschwerden. Hier sind z.B. Angstzustände, depressive Verstimmungen und psychosomatische Erkrankungen zu nennen.

Die Faktoren, warum ein Mensch psychosomatisch reagiert, sind viele. Es gab schon immer psychisch und/oder somatisch angeschlagene Mitbürger, z.B. Vincenz van Goch; Altbundesrat Herr Merz.

Die am häufigsten auftretenden Krankheiten sind die sogenannten nervösen Störungen:

- Nervöse Herz- oder Magenbeschwerden
- Schlafstörungen
- Schmerzsyndrome
- Allgemeines körperliches Unwohlsein
- Müdigkeit
- Zerschlagenheit
- Konzentrationsschwäche
- Nervosität und Gereiztheit
- Oxidativer Stress
- Nitro-Stress

Psychosomatosen sind die klassischen psychosomatischen Krankheiten. Hier sind die Organe und das Gewebe krankhaft verändert und die Veränderungen sind durch psychische Vorgänge mitbedingt:

- Asthma
- Übergewicht
- Chronische Magengeschwüre
- Darmentzündungen

- Hautekzeme

- Rheumatische Gelenkserkrankungen

- Kreislaufschwäche

- Herzklopfen, -stechen usw.

- Verstopfung, Durchfall

- Neurodermitis

- Bulimie

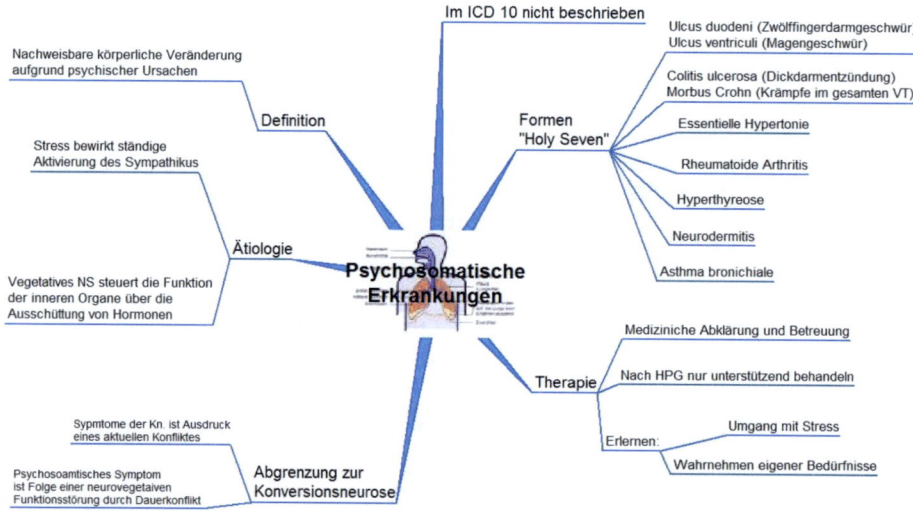

Bild 9

Die Liste der psychosomatischen Störungen und Erkrankungen ist lang. Auch wenn es schon immer psychosomatische Probleme gab, so haben diese heute um ein Vielfaches zugenommen.

Eine Hauptursache für seelische Belastungen sind Konflikte. Sie bilden meist den Auslöser für die Erkrankung und bestimmen ihren weiteren Verlauf.

In den meisten Fällen sind sich die betroffenen Personen des weitreichenden und tiefgehenden Ausmasses gar nicht bewusst und flüchten sich oft in eine Art Verdrängungstaktik. Diese verdrängten Konflikte können aber die körperlichen Funktionen sowie das Wohlbefinden beeinträchtigen und die Entstehung von Entzündungen oder auch andere krankhafte Prozesse begünstigen (Vital-, Mineralstoffmangel).

Finanzielle Schwierigkeiten, familiäre Probleme, Wohnungsnot, berufliche Auseinandersetzungen sind nicht neu. Neu ist die Intensität. Im Grunde befinden wir uns im Zeitalter der Industrialisierung der zweiten Hälfte des 18. Jahrhunderts. Nur in einem modernen neuen Kleid.

Ich möchte Ihnen das anhand eines kleinen Beispiels erläutern:

Sie kennen vielleicht alle den Film „Pretty Woman". Richard Gere spielt einen solchen Investorhai, von denen es heute reichlich in der Wirtschaft gibt. Er kauft gut funktionierende Firmen auf. Dann selektiert er sie. Die nicht so rentablen Teile verscherbelt oder zerpflückt er, den Rest lässt er gleich fallen. Wieviele Menschen dabei ihren Job verlieren und arbeitslos werden, interessiert ihn nicht. Die gutlaufenden, gewinnbringenden Anteile der Firmen verkauft er zu maximalen Preisen. Mit diesem Gewinn kauft er wieder neue Firmen auf und verfährt in gleicher Weise. Genau dies geschieht auch in der Realität. Ähnliches wurde auch im Film Wallstreet gezeigt. Auch hier geht es „nur um die Kohle" und dass der Börsenmakler das Geldverdienen auf Kosten anderer als ein Spiel betrachtet. Moralische Bedenken würden für ihn in keiner Weise existieren.

Wissen Sie wie man das nennt?

„Gewinnmaximierung".

Sie ist die Wurzel allen Übels.

Stellen Sie sich einen nassen Lappen vor. Er symbolisiert die Wirtschaft. Das Wasser die Menschen. Nun wringen Sie den Lappen ganz langsam aus, d.h. die Wirtschaft presst die

Menschen aus dem System. Der trockene Lappen, der übrigbleit, ist der Gewinn für die Wirtschaftsbosse/-manager usw. Die Tropfen sind die ausgequetschten Arbeiter. Jeder Tropfen symbolisiert jeden von uns und viele tragen psychosomatische Schäden davon.

Diese Gewinnmaximierung geschieht auf der ganzen breiten Ebene unserer Gesellschaft, der ganzen Welt, den Banken, Versicherungen, Fabriken aber auch auf dem Wohnungsbau- und Mietsektor. Niemand ist heute mehr vor dieser Gier sicher. Globalisierte Gewinnmaximierung auf höchster Ebene erfolgt im internationalen Massstab. Länder wie z.B. Zypern, Griechenland, USA leben von der Schuldenumverteilung. Die Finanzoligarchen bewegen Netze von Geldumlagen, die undurchsichtig bleiben und den „Kleinen Mann" mit seinem Geld in Abgründe stürzen.

Der ehemalige französische Landschaftsminister Bruno Le Maire schrieb in seinen Memoiren: „Die Regierung hält nicht mehr alle Fäden des Kapitalismus in der Hand, höchstens noch einen oder zwei, und wenn sie nicht achtgibt, so ist sie morgen selbst die Marionette und der Kapitalismus die Hand. Der Tag wird kommen, an dem Unternehmen, ausländische

Firmenchefs, Pensionsfonds und Investoren uns sagen „Macht!" und wir gehorchen."

„Menschen, die in einer Kultur dieses verdeckten Spielens aufwachsen, werden horrende psychische Probleme haben.", warnte schon in den fünfziger Jahren John W. Campbell

In Jewgeni Schwarz Märchen „Der Drache" heisst es: „.. das Märchen bleibt weiterhin eine Warnung vor dem Schaden, den die Seele nehmen kann, wenn der Mensch die ganze Welt gewinnen will....." „.... Hackst du den Körper in zwei Hälften, verreckt der Mensch. Zerhackst du ihm dagegen die Seele, passiert nichts. Er wird gefügig, armlose Seelen, Seelen ohne Beine, taubstumme Seele, Kettenhundseelen, Spitzenseelen, verdammte Seelen, durchlöcherte Seelen, käufliche Seelen, gebrandmarkte Seelen, tote Seelen. ...."

Wissenschaftler sprechen schon lange von automatisierten Märkten und automatisierten Menschen.

Stéphane Hessel schreibt in seinem Buch *Empört euch!* „...noch nie hat man den Wettlauf um Geld, die Konkurrenz, so sehr ermuntert, sich von der Diktatur der internationalen Finanzmärkte beeindrucken lassen wie es heute geschieht." Hessel muntert uns auf, uns zu empören. „Jeder findet sein Empörungsmotiv und er muss noch nicht mal lange suchen."

Es leuchtet jedem von uns ein, dass das niemals ohne Folgen vonstattengeht. Wir alle haben mehr oder weniger Angst vor dem Zusammenbruch, dem Chaos.

Wahrscheinlich kommen Ihnen folgende Sätze, Dialoge bekannt vor:

„Kann ich dem Druck noch standhalten?" „Kann ich in der mir vorgegebenen Zeit meine Leistung optimal erbringen?" Ob in der Schule, in der Lehre, am späteren Arbeitsplatz, die Angst läuft immer mit. *„Kann ich es mir leisten Kinder in die Welt zu setzen?" „Wenn ich – Mutter, Vater - mitarbeiten muss, bekomme ich einen KITA-Platz?" „Was ist, wenn ich plötzlich ohne Arbeit auf der Straße stehe?" „Bekomme ich eine Wohnung, die ich mir leisten kann?" „Wenn ja, wo?" „Wie weit ist mein Arbeitsweg?" „Habe ich dann noch Zeit für Freunde, Familie?"* Die Angst sitzt im Nacken.

Hier werden Häuser saniert, dort werden welche abgerissen. *„Jetzt wohne ich 30/40 Jahre hier und nun soll ich plötzlich raus?" „Aber die neuen Mieten kann ich doch mit meiner Rente nicht zahlen?" „Ins Altersheim?" „Nein dazu bin ich noch viel zu jung?"* Die Angst denkt mit.

„Wieso ist der denn schon wieder aus dem Krankenhaus? Der kann doch noch gar nicht richtig laufen?" „Naja, das Gesetz schreibt die Dauer des Aufenthaltes bei jeder Operation vor!" „Wie, egal, ob der Patient schon soweit gesund ist, dass er alleine zurechtkommt?" Der Patient wird zum Fall – sprich Fallpauschale. *„Ja, sonst macht das Gesundheitsgebilde keinen Gewinn." „Außerdem müssen Krankenhäuser schließen, Fachgebiete verlegt werden, damit eine bessere Gewinnmaximierung erfolgen kann." „Alles andere rentiert sich nicht." „Notfalls muss der Patient verlegt werden."* Sein Tod wird in Kauf genommen. *„Das Risiko trägt jeder einzelne mit, wenn wir – sprich die Politik, die Wirtschaft usw. einen höheren Gewinn erzielen wollen…."*

Alle, Arbeitnehmer, Bosse, wie Manager, sind gefährdet für eine psychosomatische Störung. Allein die Angst verbietet es ihnen, vor allem denjenigen, die in Kaderstellung sind, soweit zu denken. Nur das Jetzt zählt!

Ein anderes Ventil, um dies für sich „scheinbar" auszugleichen, kommt immer mehr zum Zug: Macht in Form von Spekulationen, Problemumwälzung (z.B. auf andere Wirtschaftssegmente, Lohnkosten, Arbeitszeiten usw.) = Gewinnmaximierung. Den somatischen und psychischen Absturz bekommt die Öffentlichkeit kaum mit. Es sei denn, es handelt sich um eine öffentliche Person z.B. Schauspieler/Sänger (Whitney Houston), Politiker/Innen (Frau Galladé).

Im Ballungszentrum wie Zürich, München, Paris spriessen psychologische/ -therapeutische Praxen und Kliniken nur so aus dem Boden. Der Durchschnittsmensch benötigt im Durchschnitt 1 x in seinem Leben eine psychologische/-therapeutische Behandlung. Tendenz steigend. Das hat seinen Grund. Ein sozialer Krankheitsfaktor, der am häufigsten auftritt, ist STRESS. Er wird vor allem ausgelöst durch:

- berufliche Überbelastung

- Überforderung

- familiäre Sorgen, Probleme mit Haushalt und Kindern

- finanzielle und soziale Unsicherheit

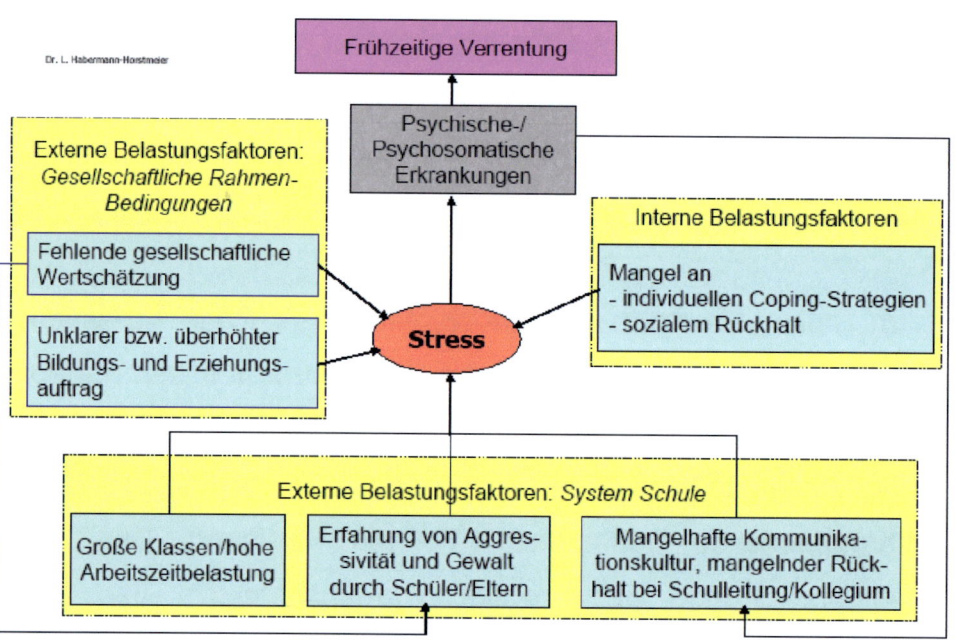

Bild 10

Die psychosomatischen Erkrankungen werden, wie ich zuvor erläutert habe, zunehmen. Es ist unerheblich ob man es psychosomatische Erkrankungen oder Störungen nennt. Die Patienten leiden langfristig gleichermassen. In meiner Praxis werde ich vermehrt mit Patienten mit den verschiedensten Formen an Erkrankungen/Störungen somatischer und/oder psychischer Natur konfrontiert. Wie gehen wir damit um? Wie begleiten wir diese Patienten?

Behandlungsmöglichkeiten

Ganz sicher steht zunächst einmal das Gespräch im Vordergrund mit Ursachenforschung, Stabilisierung, Ressourcenfindung usw.

Mithilfe von Heilkräutern, z.B.

- Passiflora (Einschlafen, Angst)
- Kava kava (bestimmte Angst)
- Melisse (beruhigend)

versuche ich in meiner Praxis den Patienten zunächst zu beruhigen (nicht sedieren), die Angst in den „Griff" zu bekommen. Ziel: *Nicht die Angst beherrscht uns, sondern wir sie.* Im 2. Schritt erfasse ich mit dem Patienten die Ursache seiner momentanen Befindlichkeit. Ich versuche *mit* dem Patienten herauszufinden, warum es jetzt hier und dort zwickt und kratzt. In Gesprächen suchen wir nach Lösungen für die somatischen Störungen des Grundübels – z.B. Angst am Arbeitsplatz, Verlust der Wohnung usw. Diesen Prozess kann ich mit meinen Heilpflanzen in Form von:

- Kräutern- (Drogen genannt) Mischungen
- Tinkturen (Spagirik)
- Schüssler Salze
- Bach Blütenessenzen
- ätherische Öle usw.,

die mir zur Verfügung stehen, unterstützen.

Aus meiner Naturapotheke gebe ich lindernde Mittel:

- für den besseren Schlaf (Johanniskraut, Baldrian usw.)
- den nervösen Magen (z. B. Engelwurz)
- die pochenden Kopfschmerzen (die heiße 7, Pestwurz)
- für die oft vorherrschenden psychischen und/oder somatischen Probleme.

Aber auch wohltuende Massagen biete ich an:

- Die Klangschalentherapie hilft wieder in die Mitte, in Einklang mit sich selbst zu kommen.

- Die Schröpf-Kopf-Massage löst Verspannungen, kurbelt den Stoffwechsel an, oft Folge der angstbesetzten Alltagssituation.

- Mithilfe der Hot Stone Massage lernt der Patient wieder seinen Körper zu spüren. Die wärmenden Öle und heißen Steine beruhigen das angeschlagene Nervenkostüm.

- Die Bachblütenessenzen (Elm, Larch z.B.) dienen dem Geist. Sie helfen wieder Klarheit zu erlangen und den für sie – den Patienten – richtigen Weg einzuschlagen. Zuversicht in seine eigenen Fähigkeiten wieder zu erlangen.

- In ähnlicher Weise fungieren die ätherischen Öle (z.B. Ylang Ylang (Wut, Trauer), Melisse (beruhigend), Basilikum (Selbstbewusstsein)). Sie wirken tiefer, nämlich in der Seele. Zweifel, Ängste, die sich durch den machtvollen erdrückenden Wirtschaftsapparat breitgemacht haben, aufzulösen und neue Aspekte und Zuversicht für sich zu finden.

Heilpflanzen sind hervorragende Mittel. Ob sie als Kraut oder in diverser Tinkturform eingenommen werden, hängt vom Patienten und seinen psychosomatischen Störungen ab.

In energetischen prozessorientierten Gesprächen erarbeitet der Patient, mit meiner Unterstützung, Möglichkeiten, wie er seinen Weg besser bewältigen kann. Er sucht für sich die Bewältigungsstrategie, die seinen Fähigkeiten entspricht. Seine Ressourcen müssen gefunden, aktiviert und gestärkt werden.

Durch eine umfassende Unterstützung wird der Patient in der Lage sein, dem wirtschaftlichen/systeminternen Druck besser standzuhalten. Er weiss, wie er sein Privatleben so gestalten kann, dass er dort eine Oase des Ausgleichs findet. Der Patient lernt zu begreifen, dass er sich nach getaner Arbeit nicht wieder in die Zwangsjacke des Besser-schneller-perfekter-Schemas zwängen muss, um als Mensch anerkannt und akzeptiert zu werden. Das Ziel ist es, sich so zu lieben anzunehmen wir er ist. Zu begreifen, dass er im kapitalistischen Konsumleben nur eine Rolle spielt. Privat zuhause darf er sich selbst sein.

Die Wechselwirkung des wirtschaftlichen Drucks zur Gesundheit ist ein sehr breites Gebiet. Ich möchte Sie anregen, achtsamer mit Ihren Körpersignalen, Ihrer Seele umzugehen und frühzeitig Weichen zu stellen, sei es Ihre eigenen Ressourcen zu aktivieren oder sich Hilfe bei einem Naturheilpraktiker und / oder Psychotherapeuten zu suchen. Naturheilpraktiker mit psychosomatischer Ausbildung wäre natürlich das Optimale.

Wir Naturheilpraktiker erleben Patienten mit psychosomatischen Störungen in unserer Praxis. Wir sind dann gefordert, Ihnen wieder Lebensperspektiven aufzubauen, den Magen, den Kopf, Hals usw. wieder zu richten. Nicht alle Störungen können wir alleine beheben. Dazu braucht es oft auch speziell geschulte Psychologen, - therapeuten. Welche Möglichkeiten also haben wir in unserer Naturheilpraxis?

Je nach Praxis gibt es unterschiedliche Ansatzpunkte:

Psychotherapie
- Therapeutisches Gespräch
- Psychoanalyse
- Tiefenpsychologie
- Verhaltenstherapie
- Konfliktbearbeitende Psychotherapie
- Krisenintervention oder Langzeittherapie
- usw.

Naturheilkunde

- Phytotherapie
- Bach-Blüten-Therapie
- Aromatherapie
- Mineralstoff n. Dr. Schüssler
- Klangschalentherapie
- Schröpfen
- Manuelle Therapieformen
- usw.

Patienten mit psychosomatoformen Störungen werden oft vom Arzt früher oder später als „schwierig" eingestuft, nicht zuletzt weil sie durch die frustrierende Suche nach einer körperlichen Erklärung auch tatsächlich „schwierig" werden. Sie verstehen nicht, warum der Arzt „nichts findet", denn die Beschwerden sind real vorhanden. Oft werden sie, auch aus Frustration des Arztes, an einen anderen Spezialisten weiter verwiesen, was den Teufelskreis nicht unbedingt unterbricht.

Auch das Umfeld steht ratlos daneben, bezeichnet ebenfalls diese Patienten als „schwierig", „launisch", „komisch". Freunde, Bekannte, Verwandte wenden sich oftmals aus Hilflosigkeit, Überforderung ab.

Wenn vom Arzt der Verdacht geäussert wird, dass die Störung seelisch sein könnte, fühlen sich viele Betroffene oft abgeschoben, abgestempelt und mit ihren Symptomen nicht ernst genommen. Die Folge ist, dass der Patient einen Arzt nach dem anderen aufsucht. Daher haben viele Betroffene bereits einen langen Leidens- und Krankheitsweg mit zahlreichen Untersuchungen hinter sich, bis erstmals eine somatoforme Störung einhergehend mit psychischen Problematiken festgestellt wird.

Die Behandlung ist meist langwierig und schwierig. Nicht selten wurden Suizidversuche als letzten Ausweg unternommen. Eine Chronifizierung der Beschwerden kommt häufig vor. Auch wenn die Beschwerden oft nicht vollständig verschwinden, lassen sie sich mit entsprechender Behandlung zumindest deutlich lindern. Besonders wichtig ist das Vertrauensverhältnis zwischen Arzt/Naturheilpraktiker/In und Patient/In. Dazu gehört, dass die Beschwerden des Patienten ernst genommen werden, ohne eine Überdiagnostik zu betreiben. Information über seine somatoforme Störung und über das Wechselspiel von körperlichen und seelischen Prozessen gehören zum Behandlungskonzept.

Mein Behandlungskonzept basiert auf der Grundlage der energetischen körper-psychologischen Naturheilkunde (EkpN) und POP (Prozessorientierte Psychotherapie) kombiniert mit Phytotherapie. Im Vordergrund stehen die psychosomatische Störung und deren Veränderung. Die energetische, strukturelle, persönliche Neu- / Umorientierung „erlernt" der Klient durch meine Unterstützung, zusammen mit meiner naturheilkundlichen Behandlung.

„Sei du selbst die Veränderung,
die du dir für diese Welt wünschst."

(Mahatma Gandi)

Schlusswort

All die zuvor aufgeführten Methoden: Phytotherapie, Aromatherapie, Bachblüten, Lichttherapie und Psychotherapie haben eines gemeinsam. Sie wollen dem Depressiven aus dem dunklen Tal in die sonnige Hügellandschaft des Lebens zurückführen. Mit dem Erlernen dieser diversen Methoden hilft der Patient seine eigenen Selbstheilungskräfte zu aktivieren und das ist die wirkungsvollste, dauerhafteste und *natürlichste Heilung* einer Depression.

Auch ich musste lernen, meine natürlichen Selbstheilungskräfte in Gang zu setzen. Ich hatte all meine Kraft darin investiert, meine Depression als ein wucherndes Krebsgeschwür zu bearbeiten. Es war mir nicht möglich, sie als ein Teil von mir zu akzeptieren. Erst als ich die Bücher von Thich nhat hanh, einem buddhistischen Mönch las, begriff ich, dass ich meine Kraft sinnlos vergeude. Er beschreibt in seinen Büchern, dass man seine Wut rausschreien, ins Kissen schlagen kann, aber die Wut ist nicht weg. Erst wenn man ruhig wird, sich seine Wut anschaut und sie willkommen heißt, wird man sie begreifen.

Erst wenn man sie umarmt, wird sie verschwinden. „Die Wut nicht als Deinen Feind ansehen, dann wird sie zu Deinem Freund." So lernte ich meine Depression anzuschauen, erst mit Misstrauen, dann mit Neugierde. Ich begann sie zu erlernen, zu begreifen, zu akzeptieren und schließlich sie zu umarmen. Jetzt ist sie ein Teil von mir und bedroht mich nicht mehr. Ich habe sie ja kennengelernt. Mithilfe sehr intensiver Psychotherapie lernte ich das Leben neu zu sehen.

Das Leben ist ein ständiger Wandel. Nur wer sich dem Wandel öffnet, kann ihm folgen und das Vergangene mit einbeziehen, ohne dass es den Wandlungsprozess hindert. Das Leben strebt nach vorne. Wohin? Wer weiß das schon. Also bleiben wir neugierig. Beziehen wir die Weisheit der Vergangenheit mit ein. Lasst uns mutig die Zukunft erobern.

Langsam durch's Leben gehen

Wachsam die Steine des Weges sehen

Behutsam sich an die Liebe lehnen

Achtsam die leisen Töne hören

Biographie

Bianca Nechleba, 1954, D, wuchs in einer Kleinstadt, umgeben von vielen Wiesen, Äckern und Wäldern, auf. Da sie als Kind häufig an rezidivierenden pulmonalen Infektionskrankheiten litt, holte sich ihre Mutter die Hilfe der Natur ins Haus. Dadurch war ihr die Heilkraft der Pflanzen in ihrer Vielfalt von klein auf vertraut. Welche sie später bei ihren Kindern wieder einsetzen konnte.

Frau Nechleba begann, 42-jährig, den langen Weg zur Dipl. Naturheilpraktikerin. Immer mit dem Wunsch den Menschen mit ihrem Wissen um die natürliche Gesundung durch Aktivierung der Selbstheilungskräfte, zu helfen. Neben der schulmedizinischen Ausbildung begann sich Frau Nechleba als Dipl. Phytotherapeutin zu spezialisieren.

Hinzukamen im Laufe der Zeit die Mineralstofftherapie nach Dr. Schüssler, Blütenessenzen nach Dr. Bach, Aromatherapie, usw.

Das Gesamtbild wurde durch die Zusatzausbildungen in Psychologie und Psychosomatik abgerundet.

Frau Nechleba schrieb auch das Buch über „Depression natürlich heilen" und 2 kleine Gedichtbände „Zeitpunkt – Gedanken des Augenblicks".

Als Dozentin darf sie immer wieder ihr Wissen an interessiertes Publikum weitergeben.

Quellennachweis

Psychologie, Psychiatrie, Psychotherapie, Prozessorientierte Psychotherapie:

Pschyrembel, Klinisches Wörterbuch; Walter de Gruyter Verlag 1994

ICD-10, Verlag Hans Huber, 1994

Philip G. Zimbardo
Zimbardo Psychologie; Springer Verlag 1995

Yvonne Maurer
Körperzentrierte Psychotherapie IKP, Grundlegende Theorien und Aspekte; IKP-Verlag 1998
Zu innerer Kraft und Energie, Transform Verlag, 1993
Durch den Atem die Seele heilen, IKP-Verlag, 1993
Bedeutende Psychotherapieformen der Gegenwart, Hippokrates Verlag, 1985
(Foto Homepage)

Peter A. Levine
Trauma-Heilung, Das Erwachen des Tigers; Synthesis Verlag 1997/98
Sprache ohne Worte, Verlagsgruppe Random House FSC-DEU, 2012

Arnold Mindell
Das Pferd rückwärts reiten; Verlag Via Nova, 1997
Den Pfad des Herzens gehen; Verlag Via Nova, 1996
Der Leib und die Träume, Prozessorientierte Psychologie in der Praxis; Jungfermann Verlag, 2000

Frederic F. Flach
Depression als Lebenschance; rororo Rowohlt Sachbuch, 1997

Stephen M. Stahl
Psychopharmakologie der Antidepressiva;; Martin Dunitz, 1999

"Hellinger, Bert", (Hellinger, Bert (*1925)), deutscher
Psychotherapeut, entwickelte in den siebziger Jahren eine
eigene Familientherapie

Prof. Dr. Thomas Stoffer
Professor für Experimentelle Kognitionspsychologie am Institut
für Psychologie der Ludwig-Maximilians-Universität München
und Geschäftsführer der Institutsleitung.
Dr. phil. Andreas Vierecke
wissenschaftlicher Mitarbeiter des Geschwister-Scholl-Instituts
für politische Wissenschaft in München

Gralow, Husstedt, Bothe, Evers, Hürter, Schilgen
Schmerztherapie interdisziplinär; Verlag Schattauer, 2002

Albert Görres. Karl Rahner
Das Böse, Wege zu seiner Bewältigung in Psychotherapie und
Christentum; Herder Taschenbuch, 1982/89

Horst Dilling, Christian Reimer
Psychiatrie und Psychotherapie; Springer Verlag, 1990/95

Frederick S. Perls
Gestalt-Therapie in Aktion; J.G. Cotta'sche Buchhandlung,
1969

John O. Stevens
Die Kunst der Wahrnehmung; Chr. Kaiser Gütersloher
Verlagshaus, 1996

Tobias Brocher
Zwischen Angst und Übermut; Kreuz Verlag, 1985

Philip Martin
Der Zen-Weg aus der Depression; O. W. Barth Verlag, 2000

Thomas Bock
Lichtjahre, Psychosen ohne Psychiatrie; Psychiatrie-Verlag, 1997

Helmut Quitmann
Humanistische Psychologie; Hogrefe Verlag für Psychologie, 1996

Carlo Zumstein
Reise hinter die Finsternis; Heinrich Hugendubel Verlag, 1999

Ruedi Josuran, Verena Hoehne, Daniel Hell
Mittendrinn und nicht dabei; Haffmans Sachbuch Verlag, 1999

Broschüre
Herausgegeben vom Staatsschauspiel Dresden 2012/13;
Textnachweise: Hessel, Stéphane: Empört Euch! Berlin 2011 –
Schirrmacher, Frank: Die Seele, die aus der Kälte kam. In: der
Spiegel 7/2013 – Müller, Heiner: Drachenoper 1968

Internet:
www.hilfreiche-medizin.de/krankheitsbilder/psychostoerungen
Novafeel
www.sprechzimmer.ch/Krankheiten
www.psychiatrie.usz.ch
Wikipedia
S. Freud Biographie, C.G. Jung, Biographie; Alfred Adler,
Biographie

Psychoanalyse; Sigmund Freud (Foto); C. G. Jung (Foto); Alfred Adler (Foto)

Supervision, Coaching:
Prozessorientierte Psychotherapie
Biographie (Foto, Homepage)   Mario Spiz

Fotos, Bilder, Illustrationen
1. Privates Foto; Fenster Geschäftshaus Modissa; Bahnhofstrasse; Zürich
2. Privates Foto Familienfoto
3. Quelle: Morgen & Morgen, Stand April 2013
4. Psychopharmakologie der Antidepressiva; Stephen M. Stahl; Martin Dunitz, 1999
5. Quelle BPtK, 2011
6. Psychopharmakologie der Antidepressiva; Stephen M. Stahl; Martin Dunitz, 1999
7. Psychopharmakologie der Antidepressiva; Stephen M. Stahl; Martin Dunitz, 1999
8. Psychopharmakologie der Antidepressiva; Stephen M. Stahl; Martin Dunitz, 1999
9. Kersting Redding; Bildungsinstitut für Gesundheitsberufe.de; Schwerte
10. Dr. med. Camilla Ceppi, 2013
11. Schlussfoto, privat, Ohre-See in Brome (D)
Umschlagsfotos Internet;

Zitate
Mahatma Gandhi
Theodor Fontane
Bianca Nechleba

Lektoren

Evi Spänli, Versicherungsfachfrau, Zürich
Bernhard Regli, Brandschutzexperte, Zürich
Renate Henlein, Oberstudienrätin, Dresden

Bianca Nechleba

Depression - natürlich heilen

Natürliche Therapien zur Hilfe der Selbstheilung

ISBN: 978-3-0344-0189-0
254 Seiten   mit Farbfotos

ISBN: 978-3-8370-7735-3
84 Seiten

ISBN: 978-3-8370-8564-8
64 Seiten

Auch als E-Book erhältlich

Glück festzuhalten ist sinnlos
Es rinnt davon wie ein Wassertropfen

Glück zu geniessen ist das grosse Los
Es ist so kurz wie des Schlages Herzklopfen